기둥영어는 특별합니다.

하루에 한 스텝씩
꾸준히 공부하면
쉽게 영어를 정복할 수 있습니다.

최파비아 기둥영어 3

최파비아 기둥영어 4

1판 1쇄 인쇄 2020. 12. 15.
1판 1쇄 발행 2020. 12. 28.

지은이 최파비아
도   움 최경 (Steve Choi)
디자인 Frank Lohmoeller (www.zero-squared.net)

발행인 고세규
발행처 김영사
등록 1979년 5월 17일(제406-2003-036호)
주소 경기도 파주시 문발로 197(문발동) 우편번호 10881
전화 마케팅부 031)955-3100, 편집부 031)955-3200 | 팩스 031)955-3111

값은 뒤표지에 있습니다.
ISBN 978-89-349-9141-0 14740
      978-89-349-9137-3 (세트)

홈페이지 www.gimmyoung.com   블로그 blog.naver.com/gybook
페이스북 facebook.com/gybooks   이메일 bestbook@gimmyoung.com

좋은 독자가 좋은 책을 만듭니다.
김영사는 독자 여러분의 의견에 항상 귀 기울이고 있습니다.

최파비아
기둥영어

6번 BE + 잉 기둥
7번 WAS 기둥

3

영어공부를 재발명합니다

최파비아 지음

감영사

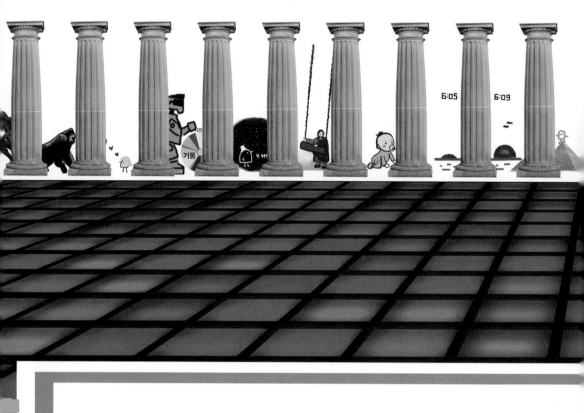

기둥 구조로
영어를 바라보는 순간
영어는 상상 이상으로
쉬워집니다.

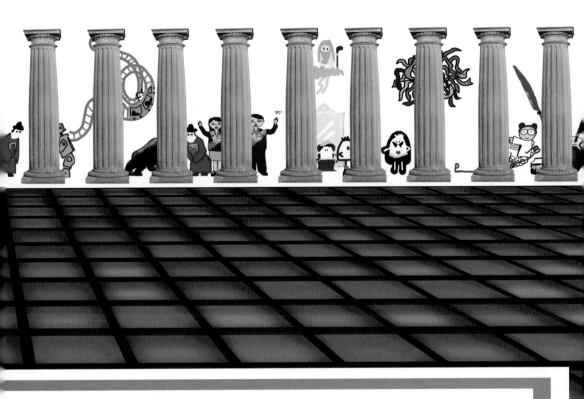

영어의 모든~ 말은 아무리 복잡해 보여도 다 이 19개의 기둥들로 이루어져 있습니다.

더 좋은 소식은, 19개 모두 한 가지 똑같은 틀로 움직인다는 거죠. 영어가 엄청 쉬워지는 겁니다. 지금까지 영어 정복은 끝이 없는 것처럼 보였을 텐데요. 19개의 기둥을 토대로 익히면 영어 공부에 끝이 보이기 시작할 겁니다.

한국인처럼 영어를 열심히 공부하는 사람은 없습니다.
왜 우리는 지금까지 "영어는 기둥이다"라는 말을 못 들어봤을까요?

기둥영어는 세 가지 특이한 배경의 조합에서 발견됐습니다.
첫 번째는 클래식 음악 작곡 전공입니다.
두 번째는 열다섯 살에 떠난 영국 유학입니다.
마지막으로 세 번째는 20대에 단기간으로 떠난 독일 유학입니다.

영국에서 영어만 쓸 때는 언어를 배우고 익히는 방법을 따로 고민하지 않았습니다.
영어의 장벽을 넘어선 후 같은 서양의 언어인 독일어를 배우며 비로소 영어를 새로운 시각
으로 바라볼 수 있었습니다. 클래식 음악 지식을 배경으로 언어와 음악을 자연스레 비교하
자 영어의 구조가 확실히 드러났으며, 그러던 중 단순하면서도 확실한 영어공부법을 발견하
게 되었습니다.
'기둥영어'는 이 세 가지의 특이한 조합에서 탄생한 새롭고 특별한 공부법임에 틀림없습니다.

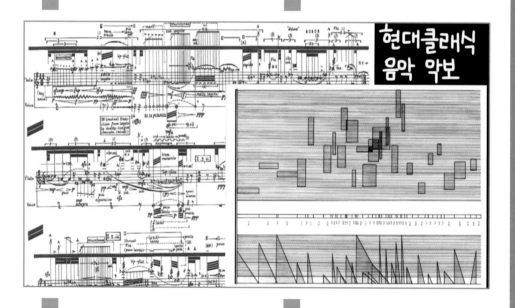

현대클래식 음악 악보

서양의 건축물을 보면 기둥이 있습니다. 서양인들은 건축뿐만 아니라 음악도 소리를 기둥처럼 쌓아서 만들었습니다. 건축이나 음악과 마찬가지로 영어도 기둥을 세우는 구조로 만들어져 있습니다. 영어의 기둥 구조는 건축과 음악처럼 단순합니다. 구조의 기본 법칙과 논리만 알면 초등학생도 복잡하고 어렵게 느끼는 영어를 아주 쉽게 자신의 것으로 만들 수 있습니다.

지금까지 우리가 알던 영어공부법은 처음에는 쉽지만 수준이 올라갈수록 어려워집니다. 이 기둥영어는 문법을 몰라도 끝까지 영어를 쉽게 배울 수 있습니다.

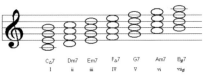

앱과 온라인 기반의 영어공부법이 우후죽순으로 나오고 너도나도 교재를 출간하는 등 영어 학습 시장은 포화 상태입니다. '기둥영어'는 왜 과열된 학습 시장에 뛰어들었을까요?

시장에 나와 있는 모든 영어공부법을 철저히 분석해봤습니다.

결론은 한국인은 영어공부를 너무 오랫동안 한다는 사실입니다.
죽어라 공부해야 결국 일상회화나 할 정도가 됩니다.
고급 영어는 아예 쳐다도 못 봅니다.
다시 말해 외국어 교육법으로는 형편없습니다.

유학생이 영어를 익힌 후 생활 속에서 자연스레 영어를 쓰듯, 국내에서 공부해도 유학생처럼 되는 영어공부법을 재발명할 필요가 있습니다. 그래서 영어공부법을 재발명했으며, 이것이 바로 기둥영어입니다. 더구나 이 방법은 사람들의 기대를 완전히 뛰어넘는 영어공부의 혁명입니다.

한국인은 전 세계에서 5위 안에 들 정도로 똑똑합니다.
이렇게 똑똑한 사람들은 시스템이나 구조보다 위에 있어야지, 그것들에 종속되어서는 안 됩니다. 우리는 중학교-고등학교-대학교까지 잘못된 영어 시스템에 종속되어 왔습니다. 심지어 유치원-초등학교까지 이 시스템에 종속되려고 합니다. 학교 영어교육 시스템에서 벗어나 사회로 나오면 또 돈을 들여 영어공부를 다시 시작합니다. 10년 아니 20년이 넘는 시간과 자신의 재능을 낭비하는 것입니다.

10대부터 60대까지 모든 연령대의 학생들을 가르치며 확신한 것이 하나 있습니다.
"우리는 이렇게까지 영어를 오랫동안 힘들게 할 필요가 없다."
이 바쁜 시대에 영어공부법은 쉽고 정확하고 빨라야 합니다. 빨리 영어를 도구로 삼아 더 큰 목표에 집중해야 합니다.
기둥영어는 영어라는 언어를 처음으로 우리에게 이해시켜줍니다.
쉬워서 모든 사람이 배울 수 있고, 정확한 분석으로 영어공부에 쉽게 적용할 수 있으며, 회화만이 아닌 모든 영역에 빠르게 생활화할 수 있습니다.
기둥영어가 여러분의 영어공부에 새로운 빛이 되어줄 것이라 확신합니다. 책을 통해 이 교육법을 모두와 공유합니다.

포기하지 마!
네가 못해서
그런 게 아니야.

원어민 선생님과 바로 스피킹하는 기존 방식은 '맨땅에 헤딩'하기와 같습니다.

원어민은 태어나 한 번도 영어 스피킹을 배운 적이 없습니다. 우리가 한국어를 자연스럽게 터득한 것처럼 그들도 마찬가지입니다.

원어민 선생님은 그저 우리와 대화하면서 틀린 것을 고쳐주거나, 필요한 문장을 반복해서 외우라고 말합니다.

세상에 말이 얼마나 많은데 일일이 어떻게 다 외웁니까?
그렇게 외우다가는 끝이 없습니다. 고급 영어는 꿈도 못 꿉니다. 결국 포기하게 될지도 모릅니다.

즉석에서 문장을 만들어내며 나의 메시지를 전달할 줄 알아야 외국어 공부로부터 자유로워집니다.

유학을 갔다 오든, 한국에 있든, 영어를 잘하려면 영어의 큰 구조를 알아야 합니다. 그래야 영어 실력도 올리고 고급 영어까지 구사할 수 있게 됩니다.

지금도 초등학교에서는 영어 문장 고작 몇 개를 반복해서 말하며 익히는 것에 한 학기를 소비합니다.

그러다 중학교부터 시험에 들어가면 실제 영어랑 너무 달라서 결국 둘 중에 하나는 포기하기에 이릅니다.

공부해야 하는 기간에 영어를 놓쳐버린 우리는 성인이 되어 자비를 들여 실전 영어를 하려 하지만, 체계적인 방법은 없고 다 그때뿐입니다. 시간이 지나면 까먹어서 다시 기본 문장만 영어로 말하고 있습니다.

요즈음은 안 들리는 영어를 머리 아파도 참아가며 한 문장을 수십 번씩 듣고 따라 하는데 그게 얼마나 집요해야 할까요! 학생이든 성인이든 영어를 좀 알아야 하죠! 문장이고 문법이고 이해가 안 가는데…
"귀에서 피나겠어!"

기존 시스템은 우리를 너무 헷갈리게 합니다. 그래서 기둥영어는 영어의 전 과정을 세밀하게 담아내면서 남녀노소 그 어느 레벨이든 탄탄하게 영어가 쌓이도록 만들었습니다.

기둥영어를 담아낸 체계적인 시스템이 Map입니다. 그럼 Map을 구경해보죠.

〈교재사용법〉 Map은 영어의 전 과정을 보여줍니다.

Map의 구성은 기존의 모든 영어책과 다릅니다. 가르쳐주지 않은 구조는 절대 예문으로 섞여 나오지 않기 때문에 (다른 모든 영어 교재들은 섞여 나옴) 자신감이 향상되면서 스피킹이 됩니다.

또한 개념을 꾸준하게 설명하면서 모든 것을 암기가 아닌 응용으로 익히기 때문에 스텝이 진행되면서 여러분이 말할 수 있는 영어 문장들은 기하급수적으로 많아집니다.

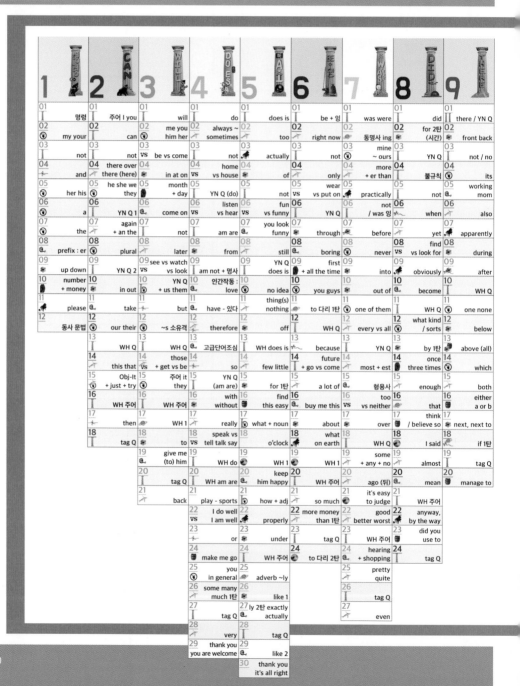

스텝에서는 우리말이 많아 보이지만 우리말 설명 앞에 계속해서 나오는 #이 붙은 모든 문장을 이제 여러분 스스로 영어로 말하게 될 것입니다. 설명은 많지 않습니다. 개념을 익히고 계속 영어로 만들면서 진행합니다. 그래서 영어라는 언어가 어떤 것인지 정확히 감을 잡게 됩니다. 이렇게 해야 영어 공부에서 자유로워집니다.

말하기로 진도가 나가면서 듣기, 쓰기, 독해를 함께 끝낼 수 있습니다.

언어는 이렇게 모든 것을 아우르며 공부하는 것이 맞습니다.

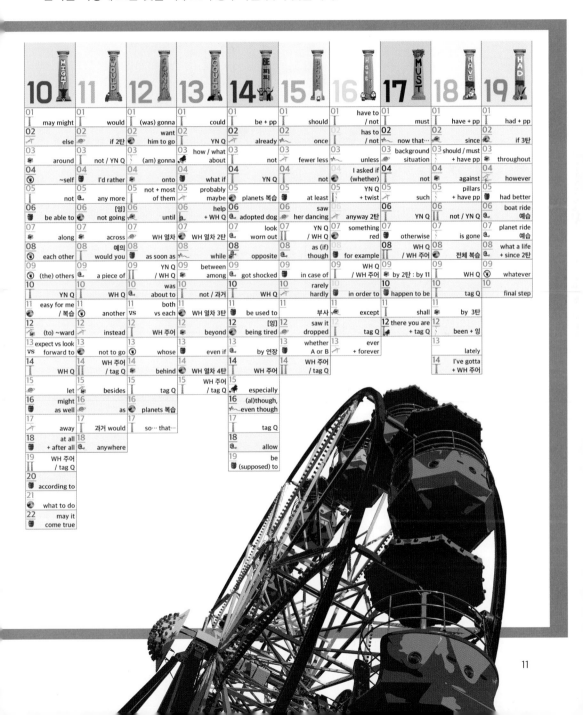

10 MIGHT	11 WOULD	12 GONNA	13 COULD	14 BE 피피	15 SHOULD	16 HAVE	17 MUST	18 HAVE	19 HAD
01 may might	01 would	01 (was) gonna	01 could	01 be + pp	01 should	01 have to / not	01 must	01 have + pp	01 had + pp
02 else	02 if 2탄	02 him to go	02 YN Q	02 already	02 once	02 has to / not	02 now that…	02 since	02 if 3탄
03 around	03 not / YN Q	03 (am) gonna	03 how / what about	03 not	03 fewer less	03 unless	03 background situation	03 should / must + have pp	03 throughout
04 ~self	04 I'd rather	04 onto	04 what if	04 YN Q	04 not	04 I asked if (whether)	04 not	04 against	04 however
05 not	05 any more	05 not + most of them	05 probably maybe	05 planets 복습	05 at least	05 YN Q + twist	05 such	05 pillars + have pp	05 had better
06 be able to	06 [잉] not going	06 until	06 help + WH Q	06 adopted dog	06 saw her dancing	06 anyway 2탄	06 YN Q	06 not / YN Q	06 boat ride 예습
07 along	07 across	07 WH 열차	07 WH 열차 2탄	07 look worn out	07 YN Q / WH Q	07 something red	07 otherwise	07 is gone	07 planet ride 예습
08 each other	08 예의 would you	08 as soon as	08 while	08 opposite	08 as (if) though	08 for example	08 WH Q / WH 주어	08 전체 복습	08 what a life + since 2탄
09 (the) others	09 a piece of	09 YN Q / WH Q	09 between among	09 got shocked	09 in case of	09 WH Q / WH 주어	09 by 2탄: by 11	09 WH Q	09 whatever
10 YN Q	10 WH Q	10 was about to	10 not / 과거	10 WH Q	10 rarely hardly	10 in order to	10 happen to be	10 tag Q	10 final step
11 easy for me / 복습	11 another vs	11 both vs each	11 WH 열차 3탄	11 be used to	11 부사	11 except	11 shall	11 by 3탄	
12 (to) ~ward	12 instead	12 WH 주어	12 beyond	12 [잉] being tired	12 saw it dropped	12 there you are	12 + tag Q	12 been + 잉	
13 expect vs look forward to	13 not to go	13 whose	13 even if	13 by 연장	13 whether A or B		13 ever	13 lately	
14 WH Q	14 WH 주어 / tag Q	14 behind	14 WH 열차 4탄	14 WH Q	14 ever + forever		14 WH 주어 + WH Q	14 I've gotta	
15 let	15 besides	15 tag Q	15 WH 주어 / tag Q	15 especially					
16 might as well	16 as	16 planets 복습		16 (al)though, even though					
17 away	17 과거 would	17 so… that…		17 tag Q					
18 at all + after all	18 anywhere			18 allow					
19 WH 주어 / tag Q				19 be (supposed) to					
20 according to									
21 what to do									
22 may it come true									

⟨교재사용법⟩ 아이콘 설명

기둥을 중심으로 Map을 따라가다 보면 영어의 다양한 구조들을 빈틈없이 싹 훑게 될 것입니다. 영어는 기둥을 계속 나란히 세울 수 있게 만들어진 언어이고 그 기둥들에 붙는 다양한 도구들은 총 10개밖에 안 됩니다. 이것들로 인해 영어는 다시 한번 엄청 쉬워집니다.

이 도구의 아이콘들과 특이한 명칭들은 여러분에게 재미있으라고 만든 것도 아니고 심심해서 만든 것도 아닙니다.

각 문법의 특징을 상기시켜주는 중요한 도움이 될 장치라는 것을 알게 될 겁니다. 모든 그림은 문법의 기능을 보여주기 위한 것이며 각각의 틀을 정확히 알아야 처음으로 접한 말도 스스로 응용해 영어로 만들 수 있습니다. 각 아이콘은 초등학생도 영어 구조의 기능을 완전히 파악할 정도로 정확히 보여줍니다.

그러면 등위 접속사, 부정사 명사 기능, 관계대명사, 부사구, 분사구문 조건절 등등 저 잡다하고 복잡한 모든 문법 용어가 다 사라집니다. 하지만 여러분은 정확하게 문법들을 사용할 수 있게 되죠.

그리고 고급 문법 구조들도 스스로 응용하여 새로운 말까지 만들어낼 수 있습니다.

반복되는 아이콘이 머릿속에 문법의 기능과 이미지로 팍팍 새겨지며 복잡한 문법들이 이렇게 귀여운 10개의 도구로 끝납니다.

나중에는 이미지만으로 설명 없이도 새로운 구조를 바로 이해하게 됩니다. 이렇게 적은 수의 아이콘으로 어려운 문장들까지 쉽게 읽고 말하는 신비한 경험을 하게 될 겁니다.

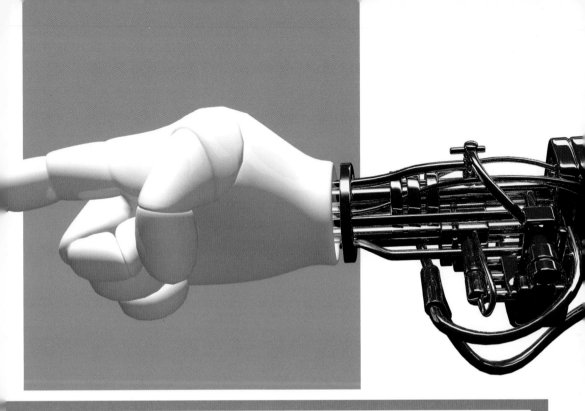

⟨문법 용어⟩

영어를 모를 때나 문법 용어를 찾게 되지 영어가 보이면 문법 용어는 쳐다보지도 않게 됩니다. 이 코스로 배운 모든 학생이 경험한 변화입니다. 여러분도 각 기능을 다 알고 나면 더 이상 이 아이콘을 굳이 쓰지 않아도 됩니다. 정작 영어를 하기 시작하면 용어 자체를 말하는 일 없이 자신의 말을 하기 때문입니다.

영어는 반복 훈련이 필요하다는 것을 다들 아실 것입니다.
하지만 언어는 다양하게 말할 수 있기 때문에 운동이나 악기연습같이 똑같은 것을 반복하는 훈련이 아닌 작곡 같은 훈련을 해야 합니다. 같은 패턴이나 문장의 암기가 아닌 자신의 말로 다양하게 만들어보는 반복 훈련을 하면 훨씬 더 큰 결과물을 빠르게 얻습니다. 그런 반복 훈련이 될 수 있도록 매 스텝을 준비했습니다.

각 스텝에 주어진 단어들이 너무 쉬워 보이나요? 쉬운 단어들을 드리는 이유는 구조를 정확히 볼 수 있게 하기 위해서입니다. 단어까지 어려우면 뒤에 숨겨진 구조를 보지 못합니다. 하지만 구조를 정확하게 이해하면 어려운 단어들로 이루어진 복잡한 문장도 쉽게 말할 수 있습니다.

이 모든 것을 쉽게 따라올 수 있도록 Map을 만들었습니다.

스텝 안에서 유념해야 할 부분

#이 붙은 문장은 설명을 보지 말고, 바로 영어로 만들라는 뜻입니다. 이렇게 계속 새로운 우리말을 영어로 직접 만들면서 익혀나갑니다. 설명만을 읽으면 지루하기도 하고, 또 문장만 만들면 암기를 하게 되는 식이라 응용법을 익힐 기회가 사라집니다. 설명을 보지 말고 함께 제공되는 가리개로 가리면서 직접 영어로 만드세요.

#이 붙은 문장들은 그 스텝에서 배우는 것만 나오지 않고, 그 전의 스텝에서 배운 것도 랜덤으로 섞이면서 접하지 않은 새로운 문장으로 나오기 때문에 퀴즈처럼 항상 머릿속으로 헤아리면서 진행해야 합니다. 재미있을 겁니다.

#이 붙은 문장을 보면 아래 설명 부분을 가리개로 가리고 공부하면 좋습니다. 정확히 구조를 모를 때는 공책에 먼저 써본 후 말하는 것을 추천합니다. 안다고 생각해도 정작 써보고 나서 가이드와 비교하면 틀리는 경우를 종종 봐왔기 때문입니다.

스텝 설명 예시

#A: 그녀는 나이가 듦에 따라, 자신감도 늘어났어.
> grow old / confidence [컨*피던스] / gain [게인] <
나이가 듦 = 자신감 늘어남. 그래서 as를 쓸 수 있죠.
→ As she grew older, she gained more confidence.

#B: 그래? 나는 나이가 듦에 따라, 몸무게가 늘었는데.
> weight / gain <
→ Yeah? As I grew older, I gained weight.

#A: 그것만이 아니지.
→ That's not all. / Not only that.이라고도 잘 쓴답니다.

#나이가 들면서 혈당량도 올라갔지.
> blood sugar level <
나이가 듦 = 혈당량도 올라감
→ As you grew older, your blood sugar level went up too.

가리개 설명

여러분은 스텝 안의 #이 붙은 모든 문장과 연습 문장을 직접 영어로 만들어나갑니다.
먼저 배운 것도 랜덤으로 섞여 나오므로 계속 이전의 것도 함께 기억하면서 새로운 것을
배웁니다.
여러분이 직접 골라서 사용할 줄 알아야 하기 때문에 잘 생각날 수 있게 가리개에 기록해두
었습니다.

이제 5형식이나 시제, 조동사 등을 굳이 배울 필요가 전혀 없습니다.

가리개에는 영어의 모든 구조가 이미지로 그려져 있습니다.
기둥에는 기둥의 기능을 보여주는 이미지도 그려져 있습니다.
배우지 않은 것들은 나오지 않으니, 항상 배운 것 안에서만 골라내면 됩니다.

연습장 설명

연습장에서 제공되는 기둥은 이미 배운 기둥뿐입니다. 위의 샘플을 보면 15번 기둥까지 배웠음을 알 수 있습니다.

문장을 만들 때는 기둥을 생각하면서 맞는 기둥을 골라 구조에 맞게 끼워 넣기만 하면 됩니다. 기둥으로 영어를 보면 우리말에 이미 힌트가 다 들어 있다는 것을 알게 됩니다. 생각할 필요 없이 단어만 끼워 맞추면 끝입니다. 영어의 모든 말은 기둥으로만 이루어져 있고, 모든 기둥은 한 가지 구조로만 움직이니 여러분은 레고처럼 그냥 단어만 끼우면 됩니다.

예문을 영어로 바꿀 때 필요한 영단어는 아래 예시처럼 회색으로 제공되며 우리말 순서대로 나열됩니다. 예를 들어, "안전벨트는 당신의 목숨을 구할 수도 있습니다." 아래에는 seatbelt / life / save로 단어가 나열됩니다.

우리말을 읽으면서 대체할 단어가 순서대로 제시되어 있습니다.
발음은 가이드라인일 뿐입니다. 접한 후 영어 발음으로 더 연습하세요.

스텝 설명 예시

#의사: 두 분 중 한 분은 가까이 계시는 편이
좋겠습니다, 동의가 필요할 것을 대비해서요.
close / stay / consent [컨센트]=동의서

One of you should stay close
.... in case we need your consent.

#내가 산에 위스키 한 병을 가지고 오마, 우리가 뱀에
물리는 경우를 대비해서.
mountain / whiskey / bottle / snake / bite

I'll bring a bottle of whiskey to the
.... mountain in case we get bitten by a snake.

연습장 설명

예문 오른쪽 하단의 가이드 역시 가리개로 가리고 영어 문장을 만들면 좋습니다. 연습장에서도 더 시간을 투자할 수 있으면, 공책에 적으면서 말하는 것을 추천합니다. 쓰면서 하는 공부는 다릅니다. 직접 써보면 안다고 생각했던 문장도 틀리기 쉽다는 것을 알게 될 것입니다. 적은 것을 확인한 후에 영어로 말하며 다시 만들어봅니다. 천천히 만들면서 우리말에 감정을 싣듯이 영어에도 감정을 실어 말합니다.

그 후 발음까지 좋게 하기를 원하면 www.paviaenglish.com으로 가서 리스닝 파일을 들으면서 셰도잉 기법을 활용하면 됩니다. 셰도잉 기법은 문장이 끝날 때까지 기다리지 않고 상대가 말하는 대로 바로바로 따라 말하는 방법입니다. 그러면 발음은 금방 자연스럽게 좋아집니다.

하루에 한 스텝씩! 매 스텝을 하루 10분 이내로 1개씩만 해도 1년이면 다 끝납니다. 이미 해본 학생들 말로는 한 스텝씩이기 때문에 벅차지 않다고 합니다.

1년 뒤면 실제로 영어가 여러분의 것이 될 수 있습니다. 원서로 책을 읽고, 할리우드 영화를 영어 자막으로 보다가 자막 없이도 보고, 궁금한 내용을 구글에서 영어로 검색하는 등 실제 유학생들처럼 영어가 공부가 아닌 생활이 되기 시작할 것입니다.

영어를 어느 정도 익힌 학생들이나 빠르게 끝내야 하는 학생들을 위해 Map 안에 지름길이 세팅되어 있습니다.

다음 페이지에서 세 종류의 지름길을 소개합니다.

지름길: 필요에 따라 적절한 코스대로 익혀나가도 좋습니다.
300-301쪽에서 아이콘 요약서를 접하면 좀 더 빠르게 진행할 수 있습니다.

문법 지름길 코스
학교에서 배우는 문법을 이해 못하겠다. 말하기는커녕 독해도 어렵다. 서둘러 늘고 싶다.

고급 지름길 코스
기본 영어는 잘하고 어휘와 문법은 꽤 알지만 복잡한 문장들은 혼자서 만들 수가 없다.

여행 지름길 코스
영어를 하나도 모르지만 내 여행 스타일에 맞는 영어를 준비해서 갈 수 있으면 좋겠다.

문법 지름길

		02^{13}	WH Q			05^{04}	of
01^{01}	명령	02^{15}	Obj-it + just + try	04^{01}	do	05^{05}	not
01^{02}	my your	02^{16}	WH 주어	04^{02} always ~ sometimes		05^{07}	you look funny
01^{03}	not	02^{17}	then	04^{03}	not	05^{09}	YN Q does is
01^{04}	and	02^{18}	tag Q	04^{05}	YN Q (do)	05^{10}	no idea
01^{05}	her his			04^{07}	am are	05^{12}	off
01^{06}	a	03^{01}	will	04^{08}	from	05^{13}	WH does is
01^{07}	the	03^{02}	me you him her	04^{09}	am not + 명사	05^{14}	few little
01^{09}	up down	03^{04}	in at on	04^{14}	so	05^{15}	for 1탄
01^{12}	동사 문법	03^{07}	not	04^{15}	YN Q (am are)	05^{16}	find this easy
		03^{10}	YN Q + us them	04^{16}	with without	05^{17}	what + noun
02^{01}	주어 I You	03^{11}	but	04^{19}	WH do	05^{19}	WH 1
02^{02}	can	03^{12}	~s 소유격	04^{20}	WH am are	05^{20}	keep him happy
02^{03}	not	03^{13}	WH Q	04^{22}	I do well I am well	05^{21}	how + adj
02^{05}	he she we they	03^{15}	주어 it they	04^{23}	or	05^{23}	under
02^{06}	YN Q 1	03^{16}	WH 주어	04^{24}	make me go	05^{25}	adverb ~ly
02^{08}	plural	03^{17}	WH 1	04^{26}	some many much	05^{26}	like 1
02^{09}	YN Q 2	03^{18}	to				
02^{12}	our their	03^{19}	give me (to) him	05^{01}	does is	06^{01}	be + 잉

코드	내용	코드	내용	코드	내용	코드	내용
				12-17	so···that···	17-02	now that···
01-01	명령	07-01	was were			17-03	background
01-03	not	07-02	동명사 ing	13-01	could	17-07	otherwise
		07-05	practically	13-04	what if	17-10	happen to be
02-01	주어 I you	07-21	It's easy to judge	13-07	WH 열차 2탄		
02-02	can			13-11	WH 열차 3탄	18-01	have + pp
02-03	not	08-01	did	13-13	even if	18-02	since
02-06	Y.N Q 1	08-16	that	13-14	WH 열차 4탄	18-03	should + have pp
02-09	Y.N Q 2					18-05	pillars + have pp
02-13	WH Q	09-01	there / YN Q	14-01	be + pp	18-07	is gone
02-16	WH 주어	09-03	not / no	14-03	not	18-12	been + 잉
		09-07	apparently	14-06	adopted dog		
03-17	WH 1	09-14	which	14-07	look worn out	19-01	had + pp
03-19	give me (to) him	09-18	if 1탄	14-11	be used to	19-02	if 3탄
		09-20	manage to	14-12	[잉] being tired	19-08	what a life + since
04-01	do			14-16	(al)~, even though		
04-03	not	10-01	may might	14-19	be (supposed) to		
04-07	am are	10-15	let				
04-12	therefore	10-16	might as well	15-01	should		
04-13	고급단어조심	10-21	what to do	15-02	once		
04-14	so			15-06	saw her dancing		
04-22	I do well I am well	11-01	would	15-08	as (if) though		
04-24	make me go	11-02	if 2탄	15-09	in case of		
		11-06	[잉] not going	15-12	saw it dropped		
05-01	does is	11-13	not to go	15-13	whether A or B		
05-03	actually	11-16	as				
05-04	of	11-17	과거 would	16-01	have to / not		
05-22	properly			16-03	unless		
		12-01	(was) gonna	16-04	I asked if (whether)		
06-01	be + 잉	12-02	want him to go	16-05	YN Q + twist		
06-11	to 다리 1탄	12-03	(am) gonna	16-07	something red		
06-13	because	12-07	WH 열차	16-10	in order to		
06-19	WH 1	12-10	was about to				
06-24	to 다리 2탄	12-13	whose	17-01	must		

06

BE + 잉 기둥

07

WAS 기둥

06

6번 트랙에 들어갑니다.

여러분 지금 뭐 하세요? 공부하는 중이죠?
이 말을 영어로 만들어보세요.
여러분 현재 상태가 BE 기둥을 써서 → You are~
공부하고 있는 중이죠? '공부하다'는 study잖아요.

그런데 are와 study는 날것으로 나란히 쓰지 못합니다.
are는 be이고 study는 do잖아요.
두비는 나란히 못 섞인다고 했죠?
그럼 뭔가를 바꿔줘야 해요.
그래서 study 뒤에 [잉]을 붙여 studying
→ You are studying.

이것이 이번 트랙에서 배울 6번 기둥입니다.

지금 당장의 상황이나 행동에 관해 말할 때 쓰는 BE + 잉 기둥.

더 보죠. 만들어보세요.
여러분은 학생이에요.
→ You are students.
여러 명이니까 뒤에 [즈]를 붙여요.

여러분은 (글을) 읽는 중입니다.
여러분 지금 상태가 읽는 중인 거죠.
당신의 상태가 You are~
읽는 중. 그냥 read를 못 붙이니 reading.
→ You are reading.

이렇게 **지금 당장! 이 시각에!**
뭔가를 하고 있는 중~일 때 그것에 대해 말하려면 이 기둥을 쓰면 됩니다. 진행 중인 거죠. 많은 책이 이 기둥을 Be + ing라고 합니다. ing가 '잉' 소리가 나는 스펠링인 거죠. 그러는 중이라고 해서 중이 종을 치듯 종소리처럼 두비에 잉~을 붙여줍니다. 기둥에 그려져 있죠?

전 지금 뭐 하는 중이죠? 전 설명 중이죠?

전 설명하는 중입니다.
내 현재 상태가 → I am
'설명하다'는 explain [익'스플레인], 뒤에 [잉]까지 소리 내서 → explaining [익스플레이닝]
→ I am explaining.

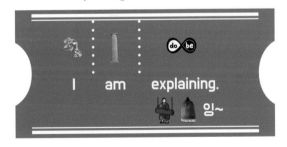

물이 끓고 있어!
> boil [보일] <

 뭐가 끓어요? → Water
지금 당장 끓고 있는 것이니
BE + 잉 기둥인데, 물은 it이니까
3총사에 맞게 → is
 boil 뒤에 [잉]을 붙여서 → boiling [보일링]
→ Water is boiling!

하나 더 같이 해보죠. 밖에 날씨 어떠냐고 물으니 이렇게 답해요.

비 와!

지금 당장 비가 오는 중이니까, BE + 잉 기둥.

카멜레온은 어떻게 할까요? 날씨나 시간처럼 뻔히 설명에서 보이는 것은 간단하게 → It is

'비가 오다'라는 뜻의 단어는 rain, 두비 자리에 넣고 뒤에 ing을 붙여서 → raining

→ It is raining.

이제 왜 이렇게 생겼는지 보이죠?

BE 기둥 때와 마찬가지로 기둥 묶는 방법은 똑같답니다.

→ It's raining.

그럼 연습장에서 구조대로 단어를 넣으면서 직접 만들어보세요.

#내 방에서 책 읽고 있어요.

....I am reading a book in my room.

#현이 어디 있느냐고요? 걔 친구들이랑 농구하고 있어요.
basketball

Where is Hyun?
....He is playing basketball with his friends.

#너 피난다.
bleed [블리드]=피가 나다

.... You are bleeding.

#제 가족이 저를 기다리고 있어요.
family / wait

.... My family is waiting for me.

28

이번 것은 많이들 모르는 겁니다!

#착하게 굴어!
못되게 굴지 말라는 거죠. 무슨 기둥이에요?
명령! 두비에서 be로 가면 메시지가 전달되죠!
→ **Be nice!**

한 단계 더 나가볼까요?
못된 친구가 있는데, 오늘따라 착하게 굴어요.
#넌 보통 못됐는데.
무슨 기둥이에요? 항상 기둥 먼저 고르세요.
배운 기둥 안에서 나옵니다!

난 착하다. I am nice! I am good! 맞죠?
그럼 '못되다' 역시 BE 기둥을 쓰면 되겠죠?
보통 성격을 말할 때는 BE 기둥을 쓰면 돼요.

#넌 못됐는데.
> mean [민~] <
→ You are mean.
'보통'을 뜻하는 usually [유즐리] 날치까지!
#넌 보통 못됐는데.
→ You are usually mean.

그런데 오늘따라 착하게 구네.

"착하게 굴어!"는 "Be nice!"였는데
그냥 "She is nice"라고만 하면, 성격처럼
항상 착한 거잖아요.
원래는 못됐는데 지금 당장만 착한 것을 말하
고 싶으면 시간을 구분해줍니다.
지금 당장이니 BE + 잉 기둥!

구조대로 넣어볼까요?

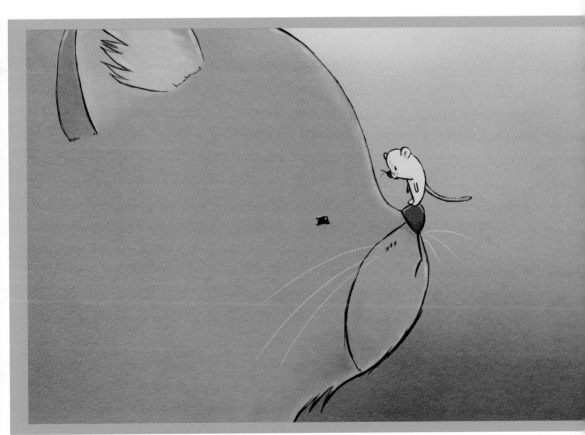

너 오늘 상태가 → You are
착하게 군다. "착하게 굴어!"는 "Be nice!"
두비에 [잉]을 붙이면 "Being nice"가 되는 겁니다.
→ You are being nice!
nice에 잉 붙이려고 했나요?
두비링에 [잉]이 붙는 겁니다!

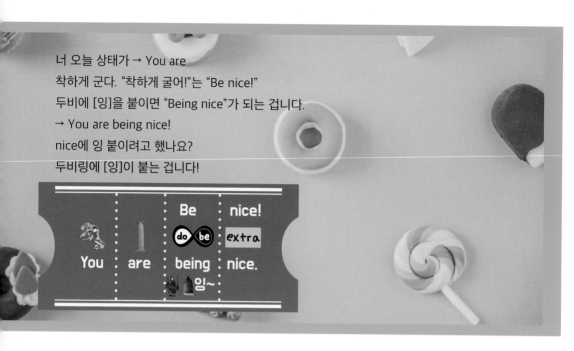

전체를 다시 만들어볼까요?

#넌 보통 못됐는데, 오늘따라 착하게 구네.
→ You are usually mean, but you are being nice today.
연결끈으로 엮을 때 배경 깔면서 들어가도 됩니다.
→ You are usually mean but today, you are being nice.
기둥 구조가 중요하지 나머지는 자유로워도 됩니다.
이렇게 뻔히 배경이 보일 때는 콤마 없이 쓰인 문장도 쉽게 볼 수 있답니다.
→ Today you are being nice.
읽어보면 이해 가죠? 하지만 여전히 카멜레온, 기둥, 두비의 순서는 변하지 않습니다.

좀 더 해볼게요.

#내 친구(남)는 보통 똑똑한데, 오늘은 멍청하게 구네.
→ My friend is usually smart, but he is being stupid today.
He is being stupid!라고 했나요? 두비에서 be 무시하지 마세요! 똑같은 룰로 [잉] 붙이는 겁니다!
being으로 하는 것에 아직 익숙하지 않죠? 자주 쓰이니 하나 더 만들어보죠.

#너 지금 아기처럼 굴고 있어!
"너 아기야" 하면 "You are a baby"지만 안 그러던 사람이 지금 애처럼 굴고 있는 중이니
→ You are being a baby.

이제 연습장으로 가죠! 구조대로 단어만 맞추어 넣으면 됩니다! 실생활에서도 적용해보세요!

#올려다보지 마! 선생님이 우리 보고 계셔.
look / watch

....Don't look up! The teacher is watching us.

#너 경솔하게 굴고 있어.
careless [케어러스]

....You are being careless.

#너 쟤네들한테 너무 잘해주고 있어. 나 싫어.
nice [나이스] / like

.... You are being too nice to them. I don't like it.

#사람들이 기다리고 있습니다.
people [피플] / wait

....People are waiting.

#얼간이처럼 굴고 있어. (재수 없게 굴고 있어.)
jerk [*절크]

....You are being a jerk.

#난 보통 현실적이지 않지만 노력하는 중이야.
realistic [*리얼리스틱] / try

.... I am usually not realistic but I am trying.

#매니저님이 너 부르시는데.
manager / call

....The manager is calling you.

#내 남자 친구가 지금 강아지처럼 행동하고 있어.
boyfriend / puppy / act=행동하다

....My boyfriend is acting like a puppy now.

31

RIGHT NOW

지금! 영어로? Now!

그런데 now 앞에 **right** [*라이트]를
붙이면 강하게 **'지금 당장'**을 말합니다.
right는 이미 알죠? '오른쪽'도 되고, '맞다'
라고 할 때도 사용합니다.
아래 문장을 영어로 만들어보세요.

#네가 틀리고 내가 맞아!
→ You are wrong, I am right!
→ You are wrong, and I am right!

'맞다'라는 뜻이 있어서인지 right를 다른
곳에 재활용하면 강조가 된답니다.
'완전. 바로' 이런 느낌의 말이 되죠.
'지금'이 아닌, **'바로 지금'** 그럴 때
right now를 붙이면 됩니다.
바로 만들어보세요.

#지금 이리로 와!
→ Come here now!

#지금 당장 이리로 와!
→ Come here right now!

#그거 해!
→ Do that!

#지금 해!
→ Do it now!

#당장 해!
→ Do it right now!

상황) 회사에서 문제가 생겼어요.
#지금 바로 저희가 그 문제에 대해 처리 중입니다.
> '처리하다'는 deal [딜~] <

무슨 기둥이죠? BE + 잉 기둥 → We are

두비 자리에 [잉] 붙여서 → dealing

문제를 가지고 deal 하는 것이니

the problem 전에 껌딱지가 필요해요. → with the problem

지금 바로! 강하게! → right now

→ We are dealing with the problem right now.

우리말에서 right now는 변형이 많지만 now를 강조하는 느낌이면 됩니다.

deal은 영어에서 많이 쓰이는 단어입니다.
카드 딜을 할 때 누가 이득을 볼지 재면서 하죠?
사업상 거래처와 계약을 할 때도 그래서 deal 한다고 말합니다.

deal은 문제를 처리하는데 뭔가 밀고 당기면서 잘 풀어나가는 행동을 말합니다.
다양하게 쓰일 수 있겠죠?
누군가 뭔가가 마음에 들지 않는다며 불평을 해서
"그냥 받아들여!"라고 말하고 싶을 때 "Just deal with it!"이라고 해도 됩니다.
알아서 풀어나가라는 거죠.

#저희가 지금 당장 위급상황에 대처 중이거든요.
> 큰일, 위기, 최악의 고비 등은 crisis [크*라이씨스]
'오일 파동'도 그래서 oil crisis <

We are~ 다음에

'대처하다'도 deal → dealing

껌딱지 붙여서 → with a crisis right now

→ We are dealing with a crisis right now.

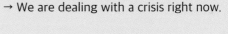

상황) 제가 늦게 온다고 상대방이 전화로 화를 내려 합니다.
#화내지 마! 지금 당장 가는 중이야!
Don't get angry!
I am~ 우리는 간다고 하지만, 영어가 잘 쓰는 것은 leaving right now.
→ I am leaving right now!
→ Don't get angry! I am leaving right now!

leave 뒤에 [잉]이 붙으니 맨 뒤의 e가 사라졌죠? 스펠링으로 보면 당연한 겁니다. 발음상 또 e가 있을 필요가 없는 거지요. 편하게 보면 됩니다. 자, right now는 어렵지 않죠? 당연히 배경으로 깔면서 들어가도 됩니다. 쉬우니 연습장으로 바로 갈게요.

#잔소리하지 마! 내가 지금 하고 있다고!
nag

.... Don't nag! I am doing it right now!

#저 농부는 지금 열심히 일하고 계신다.
farmer [*파머] / hard / work

.... That farmer is working hard right now.

#지금 저희 짐 싸고 있어요.
pack

.... Right now, we are packing.

#내 남편 지금 밖에서 나 기다리는 중이야. 내가 나중에
전화할게!
husband / wait / call

My husband is waiting for me outside right now.
.... I will call you later!

34

#(손에 뭔가를 쥐며) 이건 뭐야?
→ What is this?

대답합니다.
#Leave it! I am working on it right now!

Leave it! 손에 잡은 것을 떠나라고 하죠?
내버려두라는 겁니다.
내버려둬.

I am working / on it / right now.
내가 일을 하는 중인데 / on it 손이랑, 정신이랑 모두 it에 닿아 있다는 겁니다.
지금 딱 그거 일하고 있는 중이라는 겁니다.
이디엄이죠. 그럼 문장에 적용해볼까요?

상황) 누가 중요한 파일을 찾습니다.
#그 파일 어디 있어요?
→ Where is that file?
#제가 지금 하고 있어요.
→ I am working on it right now!

한 단계만 더 올리죠.
right는 강조가 된다고 했죠?
상황) 아기가 우니 엄마가 와서 하는 말,
#그래, 엄마 여기 있어.
→ Yes, Mommy is here.
이때 '여기'를 강조해서 **right here.**
→ Mommy is right here!
이러면 느낌이 강해집니다.

다음 상황도 봐보죠.
#이곳 좀 봐봐!
→ Look at this place!
#엉망진창이잖아!
> '엉망진창'은 mess [메스] <
→ It's a mess!

#You're making a right mess.
네가 만들고 있어 / a right mess?
mess를 강조하니 완전 엉망진창을 만든다고 하는 겁니다. "완전 어지럽히고 있잖아!"
여러분도 이제 여기서 접한 문장들로 단어만 바꿔서 강조해보세요!

6 03

부정 들어갑니다. NOT 위치는? 세 번째!
이제 기둥 스텝은 익숙할 테니
어휘력을 넓히며 진행해보죠.
먼저 시작은 쉬운 것부터 만들어보세요.

상황) 전화가 옵니다. 지금 뭐 해?

#나 요리하고 있어!

누가요? 내가 → I

지금 하는 중이니까 BE + 잉 기둥! → am

'요리하다'는 cook, 뒤에 [잉] 붙여서 → cooking

→ I am cooking!

상대방이 또 카레를 만드냐고 물어봐서 이렇게 대답합니다.

#아니야, 카레 안 만들고 있어.

No~ 다음에 I am 하고 세 번째에 NOT.

그런 후에 [잉] 들어오면 되는 거죠.

만들고 있는 중이니까 make 뒤에 [잉] 붙여서 → making

끝의 e는 불필요해서 삭제. 스펠링은 발음과 함께 자연스럽게 바뀌는 것이니 적응하세요.

I am not making.

extra 뭘 안 만들어요? 카레는 영어로 → curry [커리]

→ I am not making curry.

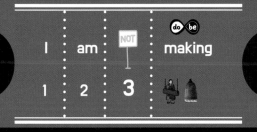

쉽죠? 방식은 똑같습니다. 이제 어휘를 늘리며 NOT을 넣어볼게요.

상황) 직원들끼리 서로 모르는 척 지나가네요.

#저 사람들 싸우는 중이야.

> argue [*알규] <

'저 사람들'은 'those people'이라고 할 수 있지만 지금 보고 있으니까 누구
인지 알죠? 간단하게 → They

지금도 싸우고 있는 중이죠. → They are

'싸우다'로는 fight [*파이트]만 생각하는데, fight는 주먹이 나갈 정도로 강
도 높게 싸우는 것을 말합니다. 서로 누가 옳고 그르냐 따지며 말다툼하고
싸우는 것은 argue [*알규]라는 말을 잘 씁니다. → arguing
서로의 생각을 주장하며 싸우는 것이 argue 하는 거죠. 그래서 주장, 논의는
꼬리에 [먼트]를 붙여서 argument [*알규먼트]라고 부릅니다.

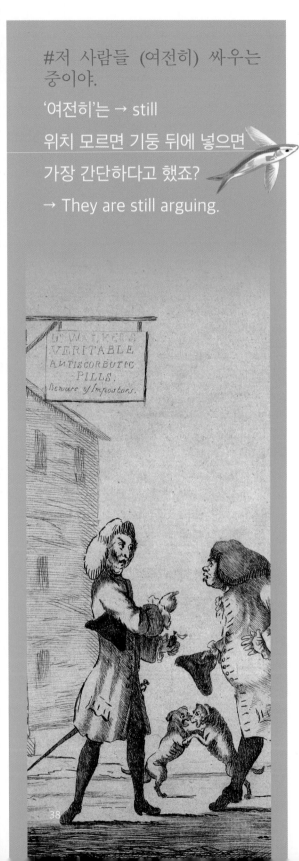

#저 사람들 (여전히) 싸우는 중이야.

'여전히'는 → still

위치 모르면 기둥 뒤에 넣으면 가장 간단하다고 했죠?

→ They are still arguing.

#지금 대화를 안 해.

이건 쉽죠? '대화하다'는 talk로 하면 간단! 'They are talking'에서 세 번째 자리에 NOT 을 넣어 → They are not talking~ '지금'은 영어로, now.

→ They are not talking now.

평상시 대화를 잘하던 사람들이 싸우는 동안에만 말을 안 할 때는, 더 정확하게 들어가서 right now라고도 잘 말합니다.

→ They are not talking right now.

상황) 상대에게 화가 나서 그 사람이 설명하는 걸 듣고 싶지 않아요.

#저 지금 당신 말 안 듣고 있거든요.

→ I am not listening to you right now.

'당장'이란 말을 굳이 쓰지 않지만 왜 right now라고 표현했는지 보이죠?

#(쓸데없이) 에너지 낭비하지 마세요.

> waste [웨이스트] <

영어는 '쓸데없이'라는 말 필요 없이 그냥 '에너지 낭비하지 말라'고 말해요.

→ Do not waste your energy.

같은 상황에서 이렇게도 말한답니다.

#Don't waste your breath.

> breath [브*레*스]는 숨 <

'너의 숨을 낭비하지 말라'는 거예요. 재미있죠? 다시 말해보세요. NOT은 어렵지 않으니 바로 연습장 들어갑니다.

#안 울고 있거든!

cry [크*라이]

.... I am not crying!

#나 이사회에 편지 쓰는 중이야.

board [보드]=이사회 / letter

.... I am writing a letter to the board.

#내가 널 위해서 케이크를 굽고 있는 게 아니야.

bake=굽다

.... I am not baking a cake for you.

#쟤네들 나하고 말 안 하고 있어.

....They are not talking to me.

#우리는 이기고 있는 게 아니야! 지고 있어!

win / lose

....We are not winning! We are losing!

#네가 생각을 안 하고 있잖아!

.... You are not thinking!

#저 커플 좀 봐봐! 재활용을 안 하네!

recycle [*뤼'싸이클]

.... Look at that couple! They are not recycling!

조금 더 해보죠.

#망설이지 마!
>'망설이다' hesitate [헤씨테이트] <
→ Do not hesitate! / Don't hesitate!

그러자 대꾸합니다.
#망설이는 거 아니거든.
→ I am not hesitating.

기둥 구조가 특이해서 '잉'을 기억해줘야 하지만 적응하고 나면 벽돌 바꿔치기는 어렵지 않겠죠?

#조심하는 것뿐이야!
> careful <
누가요? 내가, 내 상태가 지금 조심하는 중이니 → I am
뭔가 다가오는 것을 조심하는 게 아닌 조심한 상태로 모든 것을 대하는 중이니까 'Be careful!' 쪽이
어울립니다. I am being~, be에다 [잉] 붙이는 거죠?
→ I am being careful.

Be   careful!
I am   being   careful!

#그냥 조심하는 것뿐이야!
just로 스포트라이트를 때려보세요.
→ I am just being careful. / I'm just being careful.
just를 쓰면서 그냥 조심하는 것뿐이지 다른 이유가 없다고 말하는 거죠?

상황) 동료가 일을 안 하고 농땡이를 치고 있어요!
#일 안 하고 있네!
→ You are not working!
쉽죠? 이 기둥도 BE 기둥과 같은 방식으로 묶을 수 있습니다.
→ You're not working! / You aren't working!
3개를 다 같이 묶으면 오히려 소리가 들리지 않아 묶는 요점을 잃을 수 있으니 하지 않는다고 했죠.
요점을 놓치고 있잖아! 영어로?
You are 놓치다? '보고 싶다'와 똑같습니다. 사라지고 있는 거예요. → missing
요점, the point 감정 실어서!
→ You are missing the point!

BE + 잉 기둥도 서서히 익숙해지고 있으니 아무 때나 직접 기둥 구조에 단어만 집어넣어서 만들어보세요. 그러다 보면 오히려 내가 모르는 단어가 어떤 건지 더 잘 알 수 있어서 직접 찾아보게 된답니다.

6 04

only you~라는 말 들어보셨나요?
너밖에. 오직 너만.
only는 '유일한, 단 하나의'라는
뜻이 있습니다.

위치는 스포트라이트처럼 그것만~이라고 비추고 싶은 곳 앞에 놓으면 돼요.
스포트라이트 방식은 전에 해봤으니 이번에는 다양하게 바꿔서 해볼게요.
항상 상황을 이미지로 상상하세요.

42

이 아이가 제 딸입니다.
기둥 고르고 만드세요!
→ This is my daughter.
딱 하나 있는 제 딸입니다.
→ She is my only daughter.
이러면 딸은 하나여도 아들은 여럿 있을 수 있죠?

그럼 외동딸이나 외동아들은?
the only child

문장들을 쌓아보죠.
기본 문장부터!
넌 이거 만들 수 있어.
→ You can make this.
너만이 이걸 만들 수 있어.
→ Only you can make this.
넌 이것만 만들 수 있어.
→ You can make only this.

just랑 헷갈릴 수 있을 것 같죠? 우리말도 마찬가지랍니다. 딱 너만, 오직 너만. 이렇게 양쪽 다 가능한 경우도 생깁니다. 하지만 외동딸은 다르겠죠.
'I am just a daughter'라고 하면
'나는 당신이 생각하는 사람이 아니라 그냥 딸인데요'라고 전달되는 거예요.

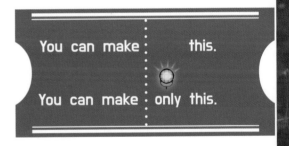

넌 이것을 만들기만 할 수 있지, 간직하진 못해.
→ You can only make this, but you cannot keep it.
혹시 'You do not keep it'이라 한 분들.
보관 못 하는 것과 안 하는 것은 다릅니다. 안 도와주는 것과 못 도와주는 것이 다른 것처럼요. 그럼 연습장에서 직접 만들어보세요.

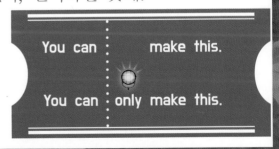

#재는 외아들이야.
son

.... He is an only son.

#네가 우리의 유일한 희망이야.
hope

.... You are our only hope.

#잰(여) 여섯 살밖에 안 됐어!
Tip: 간단하게 메시지 전달하며 감정만 실으세요!

.... She is only six!

#골키퍼만 공을 손으로 만질 수 있어요.
goalkeepers / ball / touch=만지다

.... Only goalkeepers can touch the ball with their hands.

#1. 저는 가르치기만 할 겁니다.

.... I will only teach.

#2. 저는 제가 아는 것을 가르치기만 할 겁니다.

.... I will only teach what I know.

#제 친구(남)는 다큐멘터리만 봐요.
액션 영화들은 안 봐요.

My friend ( ) watches only documentaries.
.... He does not watch action movies.

조금만 더 해보죠.
난 너 딱 요만큼만 좋아해.
> like <

요만큼 했을 때 보통 손가락으로 표시하죠. 보여주는 만큼 → this much

딱 요만큼이니까 → only this much

→ I like you only this much!

대화 상황 해보고 마무리할게요.

상황) 오늘은 수술하는 날. 남자 환자에게 묻습니다.

Kim 환자분, 오늘 어떠세요?

→ Mr. Kim, how are you today?

수술하실 준비 되셨나요?

> 수술 surgery [썰져리], 껌딱지로 만들어보세요. <

Are you ready 다음에 for를 사용하면 간단해집니다. → for your surgery

→ Are you ready for your surgery?

15분밖에 안 걸릴 겁니다.

> '시간이 걸리다'는 take를 씁니다. <

딱 15분만 걸린다고 하니까 → only take 15 minutes

→ It will only take 15 minutes.

그냥 긴장 푸세요.

> relax <

→ Just relax.

only는 문장에서 그냥 액세서리일 뿐이니 편하게 보면 됩니다. 이제 비슷한 문장들을 만들어 말해보세요!

6⁰⁵

wear vs. put on

스포츠웨어, 비치웨어.
여기서 웨어 = wear는 복장을 말합니다.
이 wear를 두비 자리에 넣으면 '옷을 입다'라고
해서 do 동사가 됩니다. 영어는 단어 위치가
항상 중요하다고 했죠?

'야한 상상'은 영어로?
가장 자주 사용되는 말은 dirty thoughts
[덜티 *쏘우츠]예요.
thought는 '생각', '생각하다'는 영어로 think!
dirty 뜻이 2개 있는 거죠. 더러운 거, 야한 거.
'야한 농담'은? dirty jokes.

"내 연인이 섹시한 속옷을 입었습니다."
지금 당장 입고 있으니 이 말을 영어로 표현하려면
BE + 잉 기둥 사용하면 되죠?

그럼 이번엔 다른 이미지를 떠올려보세요.
"내 연인이 섹시한 속옷을 입고 있는 중입니다."
이것도 지금 하는 중이니 BE + 잉 기둥으로 말해야 하잖아요.
그런데 두 말에서는 서로 다른 이미지가 떠오르죠?
다른 행동을 하고 있는 겁니다. 우리말로는 둘 다 '옷을 입고 있다'라고 하지만 행동
은 확실히 다르게 하고 있죠? 그래서 영어는 구분해줍니다.
먼저 이미 입은 것부터 말해보죠.

#그녀가 섹시한 란제리를 입고 있습니다.
> wear / lingerie [렁줘'레이] <

→ She is wearing sexy lingerie.

그녀가 야한 란제리를 입고 있는 중입니다.
자! 이번에는 wear가 아니라 put on을 써야 합니다.
put 놓다, on 내 몸 위에 놓는 겁니다.
확실히 '입고 있는 중'인 이미지가 전달되죠?
wear 대신 가끔 쓰이는 게 아니라 옷을 입는 중일 때는 꼭 put on을 쓰셔야 합니다.

만들어보세요.
#그녀가 야한 란제리를 입고 있는 중입니다.
→ She is putting on sexy lingerie.
* put처럼 짧은 단어, get, set 등은 뒤에 [잉]이 붙을 때 원단어가 잘 들릴 수 있게
끝에 스펠링이 tt로 반복됩니다. 발음 때문에 변하는 것이니 편하게 적응하세요.

She is putting on sexy lingerie. VS. She is wearing sexy lingerie.

우리말은 같지만
영어에서는 행동의 차이를
고려해서 다르게 말합니다.

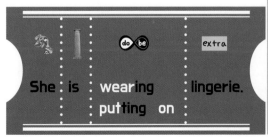

좀 더 해보죠.

#밖에 추워!

"Outside is cold!"도 되지만 날씨는 it으로 자주 시작한다고 했죠?

→ It's cold outside!

#눈사람에게 코트 입혀!

 명령 기둥! → Put

extra 뭘 놔요? → a coat

extra 어디 위에? → on a snowman

→ Put a coat on a snowman!

사람이 입는 것은 뻔히 보이니 그냥 put on 자체가 '옷을 입다'
라는 do 동사가 되어버린 겁니다. 잘 보세요.

코트 입어! → Put a coat on!
입어! → Put it on!

입는 행동이 'put on'이면 **'옷 벗어!'**는?
Take your clothes off!
이미지로 그리세요. Take it off!

#옷 좀 입어봐!

특별한 옷을 고른 the clothes가 아니라 그냥 아무 옷이나 입으
라는 거니까 some이란 말을 붙여주면 더 자연스럽습니다.

→ Put on some clothes!
→ Put some clothes on!

그럼 이미지로 상상하면서 직접 연습장에서 만들어보세요.
그런 후 몸에 착용하는 것들을 상상하며 실생활에서 말해보세요!

48

#재(여) 목 좀 봐! 그때 그 금목걸이 기억나?
재(여) 지금 하고 있다.

neck / back then=그 당시에 / gold necklace [넥클러스]

Look at her neck!

Do you remember that gold necklace back then?

.... She is wearing it right now.

상황) 지금 목걸이를 목에 차는 중이에요.
#재(여) 지금 그 목걸이 목에 차네.

put on

.... She is putting that necklace on right now.

#A: 야! 너 항상 검은 옷 입는데 오늘은 안 입었네.

Hey! You always wear black clothes

.... but you're not wearing it today.

#B: 널 위해 흰색 입은 거야.
네가 가장 좋아하는 색이잖아, 그렇지?

favorite [*페이*버*릿]

I am wearing white for you.

.... It's your favorite color, isn't it?

#이 안경 써. 그거 쓰니 섹시해 보인다.

Hint: 껌딱지 사용.

glasses [글라씨즈]

.... Put on the glasses. You look sexy with it.

#네 신발 신어! 우산 까먹지 말고!

shoes [슈즈] / umbrella [엄브*렐러] / forget=잊다

.... Put on your shoes! Don't forget your umbrella!

6⁰⁶

의문문

질문 들어갑니다! 1번 2번 뒤집기.
쉬운 예문 2개로 기본부터 쌓아서
직접 바로 만들어보세요.

상황) 축구 경기를 보고 있어요.
#우리 팀이 이기고 있어!
이기는 중이니 BE + 잉 기둥
굳이 our team이라 안 하고 그냥 '우리' we라고 합니다. 팀이랑 함께인 거죠.
→ We are winning!

늦게 도착한 친구가 묻습니다.
#우리 이기는 중이야?
→ Are we winning?
항상 기본 문장 먼저 만들고 나면 질문은 더 쉽죠?
더 해볼게요.

We are winning.

난 지금 현실적으로 구는 거야.

> realistic [*리얼리스틱]=현실적인 <

두비 잘 고르세요! 현실적으로 굴어! be 쪽으로 들어갑니다!

→ I am being realistic.

나 지금 현실적으로 굴지 않고 있나?

→ Am I not being realistic?

| Be | | realistic. |
| I am | being | realistic. |

자꾸 반복할수록 속도도 빨라질 겁니다. 그럼 좀 더 같이 계속 만들어보죠.

A: 야! 내 배 만져봐!

> belly / touch <

→ Touch my belly!

B: 왜? 아기 발로 차?

→ Why? Is the baby kicking?

A: 빨리!! 손 내 배에 올려놔 봐!

→ Come on! Put your hand on my belly!

B: 이야~ 차네!

카멜레온! 뭐가 차요? 아기인데 아직 성을 모를 때는 it으로 갑니다.

→ Wow, it's kicking!

It? 아무리 남자인지 여자인지 몰라도 아기한테 it은 우리가 봤을 때는 좀 당황스럽죠? 성별을 모르니 영어는 it으로 써주는 겁니다. 그럼 이제 연습장에서 다양하게 만들어보세요.

#네 여자 친구 너 전화 안 받고 있어? 너를 피하는 거야?
answer [앤써] / avoid [어'*보이드]

Is your girlfriend not answering your phone?
.... Is she avoiding you?

#걔네들 사냥하고 있어?
hunt

.... Are they hunting?

#너 하이킹 안 하고 있어?
hike

.... Are you not hiking?

#밖에 비 오고 있어?

.... Is it raining outside?

#이 남자가 그쪽 귀찮게 하고 있나요?
bother [버*더]=신경 쓰이게 하다

Is this guy bothering you? /
.... Is this man bothering you?

#이 책 지금 사용하는 중이세요?

.... Are you using this book right now?

#너희 어머님 지금 그 녹차 마시는 중이셔?
green tea

....Is your mom drinking that green tea right now?

#지금 저 학생들 껌 씹는 거야?
gum / chew [츄]=씹다

.... Are those students chewing gum right now?

너 이거 이해하고 있어?

무슨 기둥 쓰는 게 좋을까요? 지금 당장 이해하느냐는 거니까 BE + 잉 기둥?

기억하세요! 현재 영문법은 BE + 잉 기둥으로 말하면 틀렸다고 합니다.

'이해하다, 사랑하다'처럼 뇌가 하는 '행동'은 딱 그때만 하는 것들이 아니죠? '밥 먹고 있어'는 언젠가는 다 먹을 것이란 메시지가 있지만 '사랑해!' 하면 '지금 당장만 사랑하고 조금 있다가 그만할 거야' 하는 느낌이 없습니다. '이해하다'도 마찬가지예요. 한번 이해했으면 계속 이해하는 거죠. 그래서 DO 기둥을 사용합니다.

그런데 현실에서는 love 같은 단어들은 BE + 잉 기둥을 사용해서도 말합니다. 틀려도 대중이 반복해서 사용하고, 설명 없이 소통이 되면 그것이 승리하는 경우가 언어에는 비일비재합니다.

현재 문법적으로 완벽한 문장들이 몇 세기 전까지만 해도 유명한 학자들에게서 끔찍하게 틀린 문법이라며 비판받은 문장들이었다는 점이 언어의 특성을 보여줍니다. 언어가 이렇습니다.

맥도널드의 유명한 광고.
i'm lovin' it
이 한 문장에 틀린 문법이 여러 개입니다.
직접 찾아보세요.

1. '나'를 말하는 I는 무조건 대문자, 첫 문장이면 또 대문자.
2. loving 뒤에 단어를 줄인다고 g 빼고 어포 붙였는데 기둥만 묶을 수 있음.
3. 'I ( ) love it'으로 DO 기둥만 가능함.

보이죠? 단어가 4개밖에 안 되는데 문법책에서 하지 말라는 짓을 3개나 했어요.

맥도널드의 이 광고로 인해 지금 저 문장은 기둥이 틀렸어도 영어를 하는 그 누구에게든 익숙한 말이 되어버렸죠.

자! 혼자서 영어로 말하면서 연습할 때 가끔씩 기둥이 다른 말로도 전달이 될 것 같다는 생각이 들면 너무 고민하지 말고 쓰세요. 완전 틀린 기둥은 뻔히 보입니다. '내가 이해한다'라고 말하는 대신, 명령 기둥으로 써버리면 '네가 이해해!'가 되겠죠. 이런 것 이외에는 자신의 말이 전달이 되는 것 같다 싶으면 열심히 말하면 되는 겁니다. 이제 실전에서 지금 벌어지는 상황들을 관찰하며 평서문이나 질문을 만들어 연습하세요!

6 07

전치사 / 부사

오랜만에 쉬운 껌딱지 하면서 어휘력도 넓히죠.

상황) 운전하면서 핸드폰으로 통화 중이에요.

제가 지금 터널을 지나가고 있거든요.

터널을 지나는 것이 누구죠? → I

기둥은 지금 하는 중이니까 BE + 잉 기둥 → am

두비 뒤에 [잉] 붙여야 하는데, '지나다'라는 단어를 모른다고 지금 입 닫은 분들.

상대를 마냥 기다리게 하지 말고 메시지를 전달할 수 있게 아는 단어로 자꾸 말해야 합니다. 말하고자 하는 단어 그대로의 번역을 모른다면 그 행동을 설명할 수 있는 영단어를 아무거나 고르면 돼요.

터널을 '지나가다'니까 go?
네! 실제로 go도 자주 쓰입니다! 또 go 말고 어떤 단어를 쓸 수 있을까요?
drive도 되겠죠? 행동이 drive 하는 중이잖아요. Driving!

자! 그리고 엑스트라 자리!
'I am driving tunnel'처럼 터널을 바로 말하면 내가 터널을 운전하는 게 되니까 껌딱지가 필요해요. 지금까지 배운 것 중에서, to를 붙이면 터널을 향해 가는 것이니 터널 앞에서 멈출 수도 있고, in이면 터널 안을 운전 중이라는 느낌은 있지만 지나간다는 느낌은 없습니다.

뭔가 통과하는, 둘러싸여 있는 어떤 곳을 통과한다는 느낌의 껌딱지는

through [*쓰*루]

발음에 비해 스펠링이 복잡해 보이죠?
th / rough
[*쓰 / *루]
이 껌딱지를 붙이고 말하면 됩니다.
→ through a tunnel

이제 다시 만들어보세요.
#저 지금 터널 운전 중입니다.
→ I am driving through a tunnel.
→ I am going through a tunnel.
이 껌딱지 간단하죠? through~ '통해서~ 통과해서~' 하는 느낌.

계속 이어갈게요.
#그러니 지금 전화 끊습니다.
> 전화 끊어! hang up 배웠죠? <
지금 하는 중이니 BE + 잉 기둥.
연결끈 붙여서 말해보세요.
→ So I am hanging up now.

상황) 차 뒷좌석에 앉은 아이가 안전벨트를 안 맸는데 맸다고 우깁니다.
#거울로 너 다 볼 수 있거든.
누가 보는 거예요? 내가 → I can see you
거울을 통해 보니 → through the mirror
→ I can see you through the mirror.
→ I can see you in the mirror. 이렇게 써도 말 됩니다!

#안전벨트 안 매고 있잖아!
> seatbelt / 몸에 차면 다 wear <
→ You're not wearing the seatbelt.

이번엔 직접 만들어보세요.
#내 봉고차가 지금 같은 톨게이트를 지나가고 있어.
> van / same <
→ My van is going through the same toll gate.

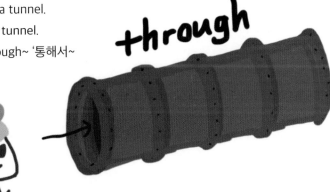

#저희는 병원에 있어요. 간호사님들이 대화하고 계시네요.

> hospital / nurse [널스]=간호사 <

→ We are at the hospital. Nurses are talking.

#저 환자분(남) 힘들어하고 계셔.

> patient [페이션트] / struggle [스트*러글] <

struggle은 힘들게 노력하는 겁니다. 사전에는 '발버둥 치다'라고 나오는데 환자분들한테 그 말은 이상하죠? struggle은 '쉽게 안 되고 있지만 여전히 애쓰거나 힘들게 노력하고 있다'는 느낌으로 폭넓게 쓰인답니다.

→ That patient is struggling.

#He will not live through the night.

안 살 거다, 뭘 통해서? 밤을 통해서. 이 말은 오늘 밤을 못 넘길 거라는 뜻입니다. 이미지로 상상해보세요. through the night, 보이죠? 영어로 다시 말해보세요.

#저분(남)은 오늘 못 넘기실 거예요.

#제가 좀 힘든 기간을 겪고 있습니다.

> 힘든 기간=tough time [터*프 타임] <

겪다? 메시지 전달! 이것도 go로 됩니다.
힘든 기간을 겪어나가는 중인 거죠.

→ I am going through a tough time.

우리말로 '터프하다'라고 쓰듯이 '터프'는 '쉽지 않은, 세거나 질긴'이란 느낌의 단어랍니다.

마지막으로 Guess what? 번역을 해보죠.

#I can't get that through his thick skull.

그것을 통과시킬 수 없다는데 어디를 통과 못 시켜요? his thick skull
thick [*씩]은 '두꺼운'.
skull [스컬]은 두개골, 머리뼈.
두꺼운 두개골을 통과 못 함?!
두개골이 두꺼워 통과를 할 수가 없다는 건데, 이건 생각이 딱딱하게 굳어 있는 사람한테 하는 말입니다. 하도 말을 못 알아들어 설득이 안 된다는 거죠.
그래서 사람에게 thick을 쓸 때는 '멍청한'이란 말도 됩니다.

번역을 해도 잘 이해 안 되는 이디엄은 접할 때마다 단어대로 분석해보고 왜 그렇게 사용하게 됐는지 이해하다 보면 꾸준히 소소한 재미가 있을 겁니다.

through의 느낌. 감 잡으셨죠?
through tunnel처럼 뻔한 애들만 알아두면 됩니다. 연습해보세요!

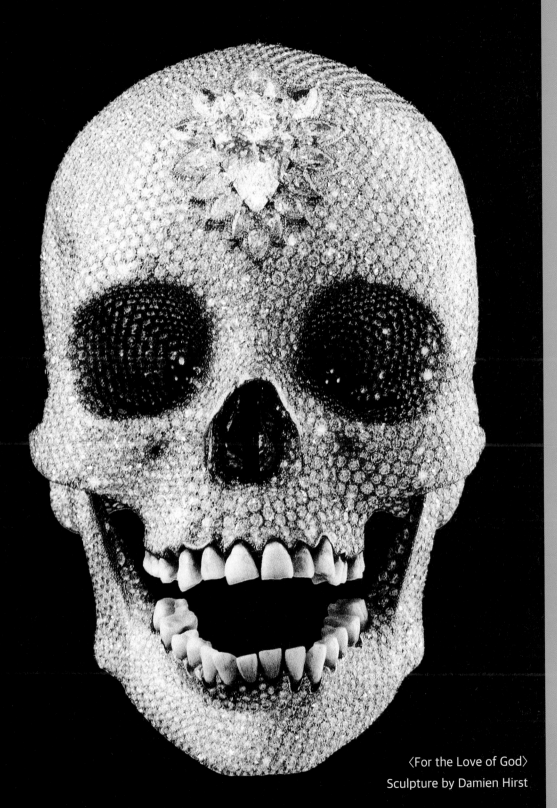

⟨For the Love of God⟩
Sculpture by Damien Hirst

6^{08}

(감정관련) 현재분사

Boring

아는 분들은 아래 문장을 영어로 만들어보세요.

#나 심심해!

→ 'I am boring [보*링]' 이렇게 말하신 분들! 조심하세요!

이건 내가 심심한 것이 아니라 내가 별 볼일 없어서 주위를 심심하게 만들고 있다는 겁니다.

'전 재미가 없는 사람입니다'라고 자기를 비하하는 거예요.

#나 재미없는 사람이야. 나랑 놀지 마.

→ I am boring. Don't play with me.

영어 구조를 대충 배워서 "심심해~"를
이렇게 틀리게 말하는 분들이 많으세요.
이 스텝에서 제대로 연습해보죠.

I am boring
나 재미없는
사람이에요.
나랑 놀지 마세요.

먼저 이해를 돕기 위해 전에 배운 것을 꺼내 볼까요?
'Thank you'의 thank라는 단어도 eat처럼 두비의 do 동사임을 배웠고, 'Thank you'가 원래 'I (do) thank you'의 줄임말이란 것도 배웠습니다.

접목해서 만들어볼까요?
#그분(남)한테 현금으로 감사하다고 하면 안 되지!
> cash <
무슨 기둥으로 해야 할까요?
→ You can't thank him with cash!

#내가 너한테 고맙다고 하는 중이잖아.
Be + 잉 기둥이죠.
→ I am thanking you.
thank를 하고 있는 중이니 'I am thanking'.
I am boring. 같은 문장 구조죠? 그럼 boring 뒤에 [잉]을 빼면?

바로 bore [보어]랍니다. do 동사란 거죠. be 동사였으면 being으로 갔었겠죠. 다시 말해 bore는 행동으로 하는 겁니다. '상대를 지루하고 따분하게 하다.' 이 행동을 영어로는 bore.
내가 너 지금 지루하게 만들고 있니? 이렇게 물으려면
→ Am I boring you? 라고 합니다.
실제 이렇게 잘 말해요.

항상 목소리나 성격으로 사람을 지루하게 하는 사람 있죠? 성격 자체가 그런 사람.
#너 지루해. 너 참 재미없다.
항상 보면 bore 행동을 하는 중인 거죠. 아예 성격이 이럴 때는 "You are boring"이라고 말한답니다.

넌 욕심이 많다	= You are greedy처럼
넌 지루하다	= You are boring으로 쓴 거예요.

'지루한'이란 새 단어를 만들지 않고, 그냥 [잉] 붙인 것을 재활용한 거죠.

더 만들어볼게요.
#가정 수업은 재미없어.
> Home Economics [이코'노믹스] <
→ Home Economics is boring.

#너 이야기 재미없어.
→ Your story is boring.
'네 이야기가 나를 현재 bore 하고 있는 중이다'라고 말하는 겁니다. 내가 심심한 게 아니라, '네 이야기가 나를 심심하게 만들고 있다'는 거죠.

좀 강도를 낮춰서
'나한테는 네 이야기가 재미없다'고 말해주고 싶으면?
'I find your story boring'이라고 하면 돼요. 우리 이거 배웠죠? (스텝 05[16])

그럼 연습장에서 먼저 boring만 가지고 연습해볼게요.

		do be	extra
I	am	thanking	you.
I	am	boring	you.

#이 영화 재미없다. (이 영화 지루하다.)

.... This movie is boring.

#네 직업은 재미없게 들리네. 때려치워!
job / quit [쿠윗]=그만두다

.... Your job sounds boring. Quit!

#역사는 어려울 순 있어도, 재미없진 않아.
history / difficult [디*피컬트]=어려운

.... History can be difficult, but it is not boring.

#저 지루한가요?

.... Am I boring?

#이 벼룩시장 지루하다.
flea market [*플리 마켓]=벼룩시장

.... This flea market is boring.

boring만큼 자주 틀리는 것이 또 있습니다.
똑같이 이번에 제대로 익혀봅시다.
상황) 뭔가를 보고 제가 흥미를 느껴서 말합니다.
흥미로워요.
영어로 많이들 실수하는 말.
I am interesting?
마찬가지로 interesting 뒤에 [잉] 있죠?
BE + 잉 기둥 모양처럼 생겼죠.
다시 말해 interest가 do 동사라는 겁니다.
뜻은 바로 '관심을 끄는 행동을 하다'입니다.

그래서 'I am interesting'이라 말하면
'전 참 흥미로운 사람이에요. 저를 알아가 보세
요' 식으로 자화자찬이 된답니다.

우리가 보통 하는 말은 내가 흥미로운 게 아니
라 뭔가가 흥미로워서 내 관심을 끄는 거죠?
행위는 그 뭔가가 하고 있는 거잖아요. 그래서
'It is interesting'이 되는 겁니다.
다른 기둥으로 접목해보죠.

#무엇이 당신의 관심을 끕니까?
무슨 기둥이죠? 보통 뭐가 (관심을) 끄느냐고
묻는 거니까 지속적인 DO 기둥!
카멜레온 자체가 없으니 WH가 주어
→ What ( ) interests you?
DOES 기둥으로 변형되니 interest에 s가
붙었죠? 보통 interesting에만 익숙하지만
interest는 그냥 do 동사예요. 어느
기둥이랑도 엮일 수 있습니다!

똑같은 구조로 또 해볼게요.
#누가 (보통) 너를 귀찮게 해?
> bug <
'벌레'라는 뜻의 단어 bug를
do 자리에 넣으면 '귀찮게 하다'가 됩니다.
왜 그렇게 재활용되었는지 보이죠?
→ Who ( ) bugs you?

#유감이지만, 당신의 제안은 제 흥미를 끌지는 않네요.
> proposal [프*로'포절]=제안 <
'유감이지만'은 'I am sorry'도 되고,
자주 쓰는 것을 또 가르쳐드릴게요.
unfortunately [언'포츄너틀리].
'안됐지만, 불행히도'라는 느낌으로 안 좋은 소식을
말할 때 쓰는 단어입니다.
→ Unfortunately, your proposal
doesn't interest me.

연습장에서 천천히 섞어서 만들어보고
바로 실생활에서 interest와 bore를 연습하세요.

#그쪽 사업 계획이 흥미롭네요. 실장님(Sally), 와서 이것 좀 보세요. 이거 흥미롭지 않나요?
business plan=사업 계획

Your business plan is interesting. Sally,
come and look at this. Isn't this interesting?

#이 실험은 재미없어.
experiment [익'스페*리먼트]

This experiment is boring.

# #그 학교 축제는 재미없어. 지루하기만 해.
festival=축제

That school festival is not fun. It's just boring.

6⁰⁹

서수

#하나, 둘, 셋, 넷!
　　　→ one, two, three, four!
#일, 이, 삼, 사!
　　　→ one, two, three, four!
똑같죠?

수는 안 어려운데 그러면 순서를 말할 때는요?
1등, 2등…식으로 **첫 번째, 두 번째**…라고 말할 때는
영어도 모양이 달라집니다.

여러분이 알아야 할 것은 딱 3개!
먼저 '첫 번째'는 영어로?
first [*펄스트]
비행기에서 퍼스트 클래스 들어봤죠?
그 first 맞습니다.

FIRST

class는 등급이란 말로 first class는 '첫 번째 등급'이라는 뜻입니다.

비행기 안에서 그다음 클래스는 두 번째 클래스라고 부르지 않고 '비즈니스 클래스'라고 합니다.

business class, 출장여행은 도착하면 바로 일해야 하니 편하게 갑시다, 해서 붙여진 이름일 수도 있겠네요.

#경제는 영어로?

Hint. 비행기 마지막 등급 좌석 이름.

'이코노미 클래스'죠?

경제적인 좌석, 경제적으로 저렴한 좌석들. economy가 바로 '경제'입니다.

그럼 다시! '첫 번째'는 영어로? First!

'두 번째'는 영어로 **second** [세컨드]

1초, 몇 초 할 때 그 초랑 단어가 똑같이 생겼어요.

'세 번째'는 **third** [*썰드]

얘는 기억에 도움이 될 다른 단어가 없어 보이네요. 그냥 외우세요.

first second third. 이 3개만 외우면 됩니다.

나머지는 정말 간단하거든요.

먼저 이것만으로 문장을 짧게 만들어보죠.

#내 남편은 우리 첫 데이트를 또렷하게 기억해.

> husband / clear=또렷한 / remember <

첫 번째 데이트 하고, 그다음 하는 건 두 번째. 순서가 있죠? First date.

기둥은? 한번 기억하면 계속 기억하는 거니까 DO 기둥.

'또렷하게'는 '또렷한'의 clear에 slowly처럼 뒤에 ly를 붙여서 clearly.

→ My husband ( ) remembers our first date clearly.

상황) 술 마시고 있는 친구에게 묻습니다.

#A: 이거 너 두 번째 병이야?

　　　　→ Is this your second bottle?

#B: 이거 내 세 번째야!

　　　　→ This is my third!

연습장에서 이 3가지만 가지고 예문을 만들어보죠.

\#이번이 저분(남) 세 번째 소개팅이야.
blind date [블라인드 데이트]=소개팅

....This is his third blind date.

\#이번이 제 여기 첫 번째 방문입니다.
visit=방문

....This is my first visit here.

\#난 항상 2등으로 들어와!

....I always come in second!

\#이 엘리베이터는 3층에 서지 않습니다.
lift [리*프트]=승강기(영국식) / floor=층 / stop

....This lift doesn't stop on the third floor.

\#A: 다시, 네 사촌(여)한테 애가 몇 명 있다고?
cousin [커즌]

Again, how many children
.... does your cousin have?

\#B: 딸 셋 있어.

....She has three daughters.

\#첫째로, 넌 매력적이지 않아. 둘째로, 잰(여)
남자친구 있어.
attractive [어'트*락티*브]=매력적인

First, you are not attractive.
....Second, she has a boyfriend.

\#셋째, 세 번째는 없네.

....Third, I don't have a third.

\#(번역) A true friend sees the first tear,
catches the second (tear), and stops the third (tear).

진정한 친구는
첫 번째 눈물은 보고, 두 번째 눈물은 받고,
.... 세 번째 눈물은 멈추게 한다.

first를 1st라고 줄여 쓰기도 합니다. 뒤에 st 보이죠? 1st라고 썼으면 first라고 읽어야 합니다.

'21세기'면 21번째 세기를 뜻하죠?

영어로 21인 twenty-one에서 one만 1st로 바꾸면 됩니다. 쓰는 것은 21st century.

second는 2nd.

8월 22일은 August the 22nd.

the를 붙이는 이유는 8월에 22번째라고 지정해서 말하는 건데 쓸 때는 the를 생략한답니다.

August 22nd.

영국은 날짜를 먼저 써서 22nd of August. 22번째 날인데, 한 번 더 들어가서 8월의 22번째라고 하는 거죠. 이런 차이점은 문제가 안 되니 신경 안 써도 됩니다.

#8월 22일의 별자리가 뭐지?

> 별자리는 star sign 혹은 zodiac [*조디악] sign <

우리의 띠를 말하는 12간지는 Chinese zodiac 혹은 Asian zodiac.

특정한 날을 위한 별자리를 묻는 것이니 껌딱지 for를 써서

→ What is the star sign for 22nd of August?

#오늘이 저 소방관분의 33번째 생일입니다.
> fire fighter [*파이터] <
→ Today is that fire fighter's 33rd birthday.

자! 그리고 나머지 순서는 이미 배운 숫자 뒤에 전부 th [*스]만 붙이면 됩니다.
네 번째 4th. 열다섯 번째 15th 이런 식입니다.

#11은 영어로?   → eleven
#열한 번째는? → eleventh, 11th
#열두 번째는? → 12th

21부터는 twenty-one이니 21st가 되어야 하는 겁니다.
다른 숫자들은 다 first, second, third가 붙는데, 유일하게 11과 12는 왜 안 붙을까요?
아마도 12라는 단위 때문인 것 같아요.
별자리도 12, 월도 12, 우리 띠도 12, 예수의 제자 수도 12. 그에 따른 흥미로운 설도 많이 있죠.

#A: 이번이 자네 처음인가?
처음이라고 할 때 first라고 해도 되고, first time이라고 해도 됩니다.
→ Is this your first time?
#B: 아니요. 이번이 제 다섯 번째입니다.
> fifth [*피|*프*스] <
→ No, this is my fifth.
#이번이 제 형의 세 번째입니다.
→ This is my brother's 3rd time.

first time, second time 같은 모든 time을 통틀어서 **all the time**이라고 합니다. always 대신
쓸 수 있는 말이죠. 우리말로 '내내~ 항상~'처럼 아주 자주 한다고 말할 때 all the time이라고 써도
됩니다. first time처럼 맨 뒤에 붙이세요.
#A: 저들은 항상 저걸 하는데.
→ They ( ) do that all the time.
#A: 이번에는, 새로운 것들을 시도하는 중이네요.
But 이번이죠. 이번 time에는 this time,
우리말처럼 백그라운드에 넣고 콤마 찍어도 됩니다.
→ But this time, they are trying new things.
당연히 다른 것처럼 그냥 뒤로 가도 됩니다.
→ But they are trying new things this time.

> 연습장에서 순서를 더 연습한 다음
> 아는 분들 생일이나 기념일을
> 예로 들어 더 말해보세요!

연습

#오늘은 제 아버님의 66번째 생신입니다.

....Today is my father's 66th birthday.

#제 여름휴가는 7월 22일부터 8월 11일까지예요.

My summer holiday is from
....July 22nd to August 11th.

#제 생일은 2월 29일이에요. 윤날이 생일이죠,
그래서 저희 가족은 28일에 생일을 축하해요.
Leap Day [립 데이]=윤날 / celebrate [쎌러브*레이트]

My birthday is February 29th. It is on Leap Day,
....so my family celebrates it on the 28th.

#한국에 초등학교들은 3월 2일에 시작합니다,
1일이 아니고요.
Elementary schools=초등학교

Elementary schools in Korea start
.... on the 2nd of March, not the 1st.

67

YOU GUYS

잠깐 쉴까요?
영화 대사가 있습니다. 직접 영어로 만들어보세요.

#기억하라, 기억하라. 11월 5일을~
→ Remember, remember, the 5th of November.

영화 <V for Vendetta [*벤'데타]>에 나오는 대사입니다.
원작은 동명소설로 영국 작가 Alan More [앨런 무어]의 작품이
죠. vendetta는 '피의 복수'라는 뜻입니다.

이 마스크는 한국에서도 곧잘 보이는데요.
이 스토리의 주인공 이름이 V입니다.
왜 이름이 V냐고요?
V for Vendetta.
Vendetta의 앞 글자를 딴 것입니다.
V는 벤데타를 위해서~ V for Vendetta~

수다 좀 떨어볼까요?

영국은 매해 11월 5일마다 전국에서 캠프파이어와 불꽃축제를 합니다. 마을, 도시마다 큰 불꽃들이 터지죠. 불꽃놀이가 시작된 스토리의 주인공은 Guy Fawkes [가이 *폭스]로 V의 실제 모델입니다. guy라는 단어는 실제 남자를 말할 때 man 대신 잘 사용하는데요, 가이 폭스의 이름에서 따온 단어라고 합니다.

실제 Guy Fawkes는 영국 권력에 맞서 왕과 시스템을 붕괴하기 위해 영국 의사당을 폭파하려 한 인물입니다. 거의 성공에 이르렀지만 공모자로 인해 화약에 불을 붙이기 불과 몇 시간 전에 의사당 지하에서 붙잡힙니다. 엄청난 고문을 당하고 결국 죽음을 맞는데 당시 왕실은 왕의 무사함을 기리고자 같은 날인 11월 5일을 불꽃놀이를 벌이는 기념일로 지정합니다.

하지만 시대가 지나 영국인들은 그날을 Guy Fawkes를 기리는 날로 생각합니다. 400년이 지난 지금도 매해 불꽃놀이는 지속되고 있습니다. 이전에는 아이들이 Guy를 상징하는 허수아비를 만들어 돌아다니면서 팔아 불꽃놀이를 살 돈을 모으기도 했었다고도 합니다.

Guy는 처음에 우스꽝스러운 남자를 조롱하려는 의미로 사용되었지만, 지금은 일반 남자에게 쓰며 이제는 여성을 포함한 사람들이 그룹으로 있을 때도 사용합니다. V 마스크가 권력에 저항하는 아이콘이 되면서 그 어느 누구나 Guy가 될 수 있다는 의미가 더해진 거죠.

실제로 동창들과 잔뜩 모인 자리에서 친구들한테 "너희들 할 수 있지?"라고 질문할 때 그냥 you라고 해도 되고, **you guys**도 됩니다. 적용해볼까요?

#저 남자애들이 네 일을 하는 중이야?
→ Are those guys doing your work?

#너희들 할 수 있지? (맞지?)
→ You guys can do it, right?

상황) 길에 쓰러진 누군가를 안전하게 옮겨야 하는데 혼자 못 하겠어요.
외국인 가족이 못 보고 지나칩니다.

#저기요! 저 좀 도와주시겠어요?
영어로 어떻게 할까요? 직접 만든 다음 가이드랑 비교해보세요.
→ Excuse me! Will you guys help me, please?

CAN 기둥은 할 수 있겠느냐 묻는 것이지만 더 강하게 WILL 기둥으로 질문한 겁니다. 그럴 마음을 가지라는 약간의 압박이 섞여 있어요. 다시 말해보세요.
항상 영어는 기둥을 찾아야 합니다! 그리고 그 기둥대로 단어만 끼워 넣으면 말이 됩니다.

TO 다리 1탄

이번 장은 또 다른 Planet입니다. Planet 스텝들은
영어에서 크게 쓰인다고 했습니다. 행성처럼 공중에
띄워 올렸으니 기둥들과 함께 이 Planet들도 같이
인지하고 있어야 합니다. Planet들은 정말 다양하게
사용할 수 있어서 제대로 알면 매우 유용하답니다.

우리 껌딱지 to 배웠죠? (스텝 03[18])
어디론가 '가는 방향'이 있다 느낄 때 앞에 작게 껌처럼
붙여서 사용했습니다. 그 방향의 느낌을 영어가
재활용한답니다. 다음 예문을 영어로 만들어보세요.

상대에게 말합니다.

#이 수건 써.
> use <
무슨 기둥으로 말하면 되죠? 명령 기둥.
　　　　　　→ Use this towel.

#네 얼굴 덮어라!
> face / cover [커*버] <
　　　　　→ Cover your face!
쉽죠? 그러면 다음 건 어때요?

네 얼굴 덮는 데 이 수건 써!
이 상황을 이미지로 그려보세요.
타임라인에서 보면, 먼저 수건을 건네주며
사용하라고 하죠?
그다음 행해지는 것은 그 수건으로 얼굴을 덮
는 거잖아요. 방향이 그리로 가죠?
그래서 방향의 껌딱지인 to를 여기서 재활용
합니다.
'Use this towel'이라 말한 후 to를 붙여
to cover your face라고 연결하죠.
→ Use this towel to cover your face!

이건 껌딱지 to가 아닙니다. 껌딱지는 작아서
to school, to you처럼 '명사'에만 붙을 수 있
는데 이것은 두비인 '덮다', cover 자체에 붙었
잖아요? (명사는 스텝 04⁰⁹에서 설명)

To cover your face!
단순 '방향'이 아닌 타임라인에서 한 발자국 더
앞으로 가는 큰 방향이어서 특별하게
'TO 다리'라 이름 붙였습니다. 기능을 상기시
키는 명칭이니 함께 기억하세요.

얼마나 유용한지 사용해보면 알 겁니다. 뭔가 간단히 말을 끝낼 수 있을 것 같은데 두비가 여전히
메시지에 엑스트라로 남아 있을 때, 이 TO 다리를 붙이면 대부분 통과됩니다.
그럼 다양하게 만들어보죠. 다음 예문을 바꿔보세요.

#A: 나 이거 하는 중이야.

항상 상황을 상상하며 기둥을 고르세요. 무슨 기둥이죠? 지금 하고 있는 거니까 BE + 잉 기둥

> → I am doing this.

그러자 상대가 묻습니다.
#B: 날 위해서?

> → For me?

A: 아니. 학생들 괴롭히려고.

보세요. 그냥 for students면 왠지 학생들을 도와주려고 하는 행동 같죠? 그래서 자세하게 설명합
니다. 내가 하는 행동은 괴롭히려고 하는 거라고 말입니다.
'**괴롭히다**'는 말이 들어가야 전달이 되는 거죠. 영어로 harass [허'*라스]. 두비에서 do 쪽.
'이것'과 학생들 괴롭히는 것이 동시에 이루어지진 않으니 I am doing this~ 한 후에
한 발자국 더 나가 TO 다리 붙여 설명하는 겁니다. → to harass students

> → I am doing this to harass students.

보면 'I am doing this / for students'는 껌딱지 뒤에 명사만 붙을 수 있으니
뭔가 그다음의 행동이나 상태 느낌은 전달되지 않죠?

하지만 TO 다리로 타임라인을 걸으면 그다음에 내가 어떻게 할지
어떤 상태일지 등 더 자세한 이야기가 나올 수 있는 겁니다. 또
해보죠.

내가 인기 있어지려고 매일 이것을 하진 않아.

> popular [퍼퓰러] <

누가 안 해요? 내가! 무슨 기둥? 매일 한다, 안 한다. DO 기둥! → I don't do this every day

extra 아직 남은 말 있죠? '인기 있어지려고' 하는 게 아니라죠?

'인기 있다'는 두비에서 be 쪽이니 be popular, TO 다리 붙여서 → to be popular

→ I don't do this every day to be popular.

타임라인에서 그다음의 행동/상태(두/비)를 말하는 것이니 TO 다리로 건너면 되는 겁니다. 영어 문장에서 to 뒤에 두비가 안 붙었다면 그건 to 껌딱지인 겁니다.

타임라인에서 그다음에 오는 것을 이리 간단히 말할 수 있으니 얼마나 자주 쓰이겠어요? 이래서 변형이 많은 우리말로 이 'TO 다리'의 번역들을 보면 to에 뜻이 많아 보이지만 결국 다 하나의 느낌으로 쓰고 있습니다.
껌딱지를 접한 방식처럼 TO 다리 역시 그 하나의 느낌으로 감을 잡으면 쉽게 사용할 수 있게 될 겁니다.

더 만들어보죠.

상황) 집으로 전화가 옵니다.

#A: 저희 못 나가요. 지금 일 하는 중이에요.

기둥 잘 고르세요. → We can't go out.
지금 일하고 있는 상황임을 설명하는 거죠.
→ We are working right now.
→ We can't go out. We are working right now.

상대가 왜 이렇게 늦게까지 일하는지 물어서 대답합니다.

#마감 시간을 맞추려고요.

> '마감 시간을 맞추다'에서 '마감'은 deadline [데드라인]. dead는 '죽은'이란 뜻인데 죽은 선, 그 선 뒤면 끝인 거죠. 맞추는 것은 그 선에 맞춰야 하니 meet the deadline '만나다'로 썼습니다. <

이 일을 하는 것이 **meet the deadline** 때문이에요. 연결하면,
→ We are working to meet the deadline.

좀 더 감이 잡히나요? 간단하게 생각하세요.
타임라인에서 앞으로 한 발자국 더 걷는 TO 다리입니다.

이번엔 번역! 비즈니스 이메일 맨 아래에서 항상 보는 글귀 중 하나!

#Please do not hesitate to contact me.

무슨 기둥이죠?

명령 기둥! Do not 먼저 나오잖아요. 뭘 하지 말래요? hesitate [헤씨테이트]를 하지 말래요.

나한테 hesitate 하지 말라는데, 다음은 **to contact me.**

'contact me'는 두비로 연결된 거죠. 나를 contact 하는 데 hesitate 하지 마라.

이렇게 번역해놓고 사전을 찾아보면 되는 겁니다.

hesitate는 '망설이다, 주저하다'

contact는 '연락하다'

망설이지 마라, 나한테 연락하고 싶으면.

타임라인에서 그려지나요?

호텔 사이트에 가니 이런 문구가 있습니다.

#Click to book.

무슨 기둥? 명령 기둥이죠. 지금까지 나온 다른 기둥 구조가 글에서 안 보이잖아요.

DO 기둥이었다면 카멜레온이 나와야 하고요!

click 하라는데, to book! book을 하기 위해서?

book은 책인데, 책을 하기 위해서? 무슨 뜻일까요?

자! book이 do 동사 자리로 가면 '예약하다'라는 뜻이 됩니다! 식당 등을 예약할 때 공책에 기록해놓아서 그런 것 같죠? 결국 'Click to book'은 예약하기 위해서는 click 하라는 겁니다.

이제 연습장에서 문장을 쌓으면서
천천히 감을 익히며 만들어보세요.

74

#1. (노력)하는 중이야!
try

.... I'm trying!

#2. 난 도와주려고 (노력)하는 거야!
Hint: 노력하는 중이야, 도와주려고.

help / try

.... I'm trying to help!

#1. 직장을 찾으려고 노력 중이야.
job / find

....I am trying to find a job.

#2. 저축하기 위해 직장을 찾으려고 노력하는 중이에요.
Hint: 엑스트라가 계속 붙을 수 있듯 TO 다리도 계속 붙일 수 있습니다.

저축하다=save money / job / find

....I am trying to find a job to save money.

#1. 그들은 거부하는 중이에요.
refuse [*리'*퓨즈]

.... They are refusing.

#2. (그들이) 협상하기를 거부하고 있습니다.
negotiate [네'고씨에이트]=협상하다 / refuse=거부하다

.... They are refusing to negotiate.

#1. 저 방이나 밖으로 나가주실 수 있나요?
outside / go

.... Can you go to that room or outside, please?

#2. 저 방이나 밖으로 나가서 흡연해줄 수 있나요?
outside / go / smoke

.... Can you go to that room or outside to smoke, please?

#1. 나 시간 없어.
time / have

.... I don't have time.

#2. 사랑에 빠질 시간 없어.
Hint: '사랑에 빠지다'는 be 쪽으로 만들어보세요.

.... I don't have time to be in love.

#1. 아시아 사람들은 젓가락을 사용해요.
Asian [에이샨] people / chopsticks [첩스틱스]=젓가락 / use

.... Asian people use chopsticks.

#2. 아시아 사람들은 밥을 먹기 위해 젓가락을 사용해요.
rice / eat

.... Asian people use chopsticks to eat rice.

#1. 2013년 보고서가 필요해.
report [*리포트]=보고서 / need

.... I need the 2013 report.

#2. 이 일을 완료하려면 2013년 보고서가 필요해.
work / complete [컴플리트]=완료하다

.... I need the 2013 report to complete this work.

#1. 한국은 좋은 곳이야.
Korea / good place

.... Korea is a good place.

#2. 어디가 좋은 곳이야?

.... Where is a good place?

#3. 방문하기 좋은 곳은 어딘가요?
visit

.... Where is a good place to visit?

#4. 이 도시에서 방문하기 좋은 곳은 어딘가요?
city

.... Where is a good place to visit in this city?

Planet들의 구조는 간단합니다. 하지만 그 구조를 다양하게 응용하려면 꾸준히 연습을 해야 합니다. 아무리 안다고 해도 직접 사용하지 못하면 자기 것이 아니니까요.

하나의 틀이 짜여 있고, 그 안에 단어들만 들어가는 겁니다. 영어를 보면 그냥 단어들만 나열된 것처럼 보이지만 그 뒤에는 보이지 않는 구조들이 있는 것이죠.
그래서 아무리 똑같은 단어여도 전혀 다른 뜻이 되는 경우가 있습니다. 예를 들어보죠.

#I drive to school.
무슨 기둥이죠? 카멜레온은 있는데 기둥이 안 보이면 DO 기둥! 숨는 기둥은 DO 기둥밖에 없어요!
전 보통 운전을 합니다. 그런데 to school, 학교로 갈 때 운전해서 간다는 겁니다. to가 껌딱지라는 것을 알 수 있죠?

#I drive to relax.
마찬가지로 DO 기둥! 하지만 운전하는데, to relax, 방향이, 릴렉스?
relax는 do 동사로 '쉬다'란 뜻이 됩니다. 쉬려고 운전한다는 말이죠? 쉬기 위해 드라이브한다는 거예요. TO 다리인 겁니다.

똑같은 to여도 다르다는 것을 알아내는 눈을 키워야 합니다.
가장 쉬운 방법은 직접 만들면서 익히는 거예요. 그럼 예문을 좀 더 접해보죠.

국내에서 영어 공부를 하며 가장 처음으로 TO 다리를 접하는 문장!
바로 **I want to meet you!**
숨어 있으니 DO 기둥이죠?
want는 '원하다'라는 뜻.
'사랑하다'처럼 '원하다'도 사람이라면 누구나 작동되는 감정이죠? 그래서 do 쪽입니다.

I want!
extra 뭘 원해요? 한 번 더 가서,
널 만나는 것을 원한다!'해서 만들어진 문장
→ to meet you
→ I want to meet you!

'I want you'만 말하면 '절 원한다고요?'라고 반응하겠죠?
그러니 자세하게 상대와 뭘 하길 원하는지 두비로 설명해주는 것이죠.
→ I want to MEET you!
want로 또 만들어보세요.

#난 돈을 원해!

→ I ( ) want money.

이러면 그냥 돈을 원하는 건데, 보통 커피를 원하면 마시고 싶어서이고, 돈은 쓰고 싶어서 원한다고 생각하잖아요. 그런데 난 돈을 갖고 싶은 게 아니라, 만일 돈을 태우고 싶은 거면, TO 다리로 간단하게 말할 수 있겠죠?

#난 돈을 태우길 원해!

> '태우다'는 burn <

→ I want to burn money!

만약에 'to burn money'가 아니라 be 쪽으로 연결해서 'to be money'라고 하면 무슨 뜻이 될까요?

I want to be money.

'내가 돈이 되고 싶다!'라고 말하는 겁니다. 애니메이션에서나 나올 수 있는 말이죠? 이렇듯 항상 be는 '상태 = 이것'이라고 생각해야 해요.

#자유롭고 싶어!

우리말은 '싶어'지만

영어는 '원한다', want로 말합니다.

I want! 뭘 원해요?

자유가 아닌 '자유롭고 싶다'고 했죠?

be 쪽! be free를 TO 다리 붙여서 to be free

→ I want to be free!

#너랑 같이 있고 싶지 않아!

하고 싶지 않다니 세 번째에 부정을 넣어서

→ I don't want

TO 다리는 계속 엑스트라처럼 보면 되는 겁니다. → to be with you

→ I don't want to be with you!

연습장에서 want로만 잠깐 만들어보세요.

#A: 저희가 여기 있고 싶으냐고요?

.... Do we want to be here?

#B: 아니요. 있고 싶지 않아요.

.... No, we don't want to be here.

#나 이거 원치 않아!

.... I don't want this!

#설명하고 싶지 않아!
explain [익'스플레인]=설명하다

.... I don't want to explain!

🐿	🏛	do·be	extra
I	don't want	this
I	don't want	to explain

> TO 다리를 'I want'로 제일 많이 접해서 want하고만 다닌다고 보는 분도 있어요. 그러니 다양한 기둥으로도 연습해서 TO 다리 자체의 감을 키우는 것이 중요합니다. 속도 올리는 것에만 집중하지 말고 느낌을 기억한 후에 감이 잡히면 그때 가서 속도를 올려도 됩니다. 그러니 혼자 말할 때는 Use this towel to cover your face! 이 틀로 더 많이 연습해보세요!

6.12

의문사 의문문

쉬운 **WH** 질문!
방법은 지금까지
한 것과 같으니 영어로
쭉쭉 만들어보세요.

#지금 저한테 거짓말하시는 건가요?
> '거짓말하다'는 lie [라이] <
> → Are you lying to me now?
* 스펠링은 ie에 또 ing를 붙이면 너무 복잡해지니 [아이] 소리가 나는 y로 대체한 후 붙입니다.

#왜 저한테 거짓말을 하시는 거죠?
앞에 WH만 붙이고 나머지 그대로 내려오면 되죠?
→ Why are you lying to me?

#아이스크림 먹고 있어?
eat도 되는데 보통 먹는 거나 마시는 거는 간단하게 have로 가도 됩니다. have로 해보세요.
→ Are you having ice-cream?

#무슨 맛 먹고 있어?
> 딸기 맛처럼 맛은 영어로 flavor [*플레이*버] <
그냥 'What?'이 아닌 'What food?'처럼 좀 더 자세하게 질문하는 거죠.
→ What flavor are you having?

#네 여동생이 이거 하고 있는 거야?
→ Is your sister doing this?
#어떻게 이걸 하고 있어?
'어떻게'만 붙이고, 굳이 '네 여동생'을 또 반복 안 해도 되죠?
→ How is she doing this?

어렵지 않죠? TO 다리로 대답도 같이 만들어볼까요?
#너 이거 왜 하는 거야?
→ Why are you doing this?
#너 도와주려고 이거 하는 거잖아.

#여기서 뭐 하시는 겁니까?

....What are you doing here?

#쟤(여) 어디 가냐?

....Where is she going?

#뭐들 마시고 있어요?

....What are you guys drinking?

#왜 콧노래를 부르고 있어? 무슨 일이야?
hum=콧노래를 부르다 / What is up?=무슨 일이야?

....Why are you humming? What's up?

#누구랑 얘기해?

....Who are you talking to? / Who are you speaking to?

#그 칼날 가지고 뭐 하냐?
blade [블레이드]=칼날

....What are you doing with that blade?

#이번에는 우리 어디 가는 거야?
this time

....Where are we going this time?

#너 누구한테 잘 대해주고 있는 거야?
nice

....Who are you being nice to?

이제 스스로 만들어보세요.
상황) 친구가 잠을 못 자고 뒤척입니다.
#왜 안 자?
> → Why are you not sleeping?

친구가 대답합니다.
#I am trying!
무슨 뜻이죠? 자려고 노력하는데, 잠이 잘 안 온다는 말을 한마디로, I am trying.
#나도 자려고 하는 거야!
간단하게 I am trying!

상황) 뭔가 작동이 안 됩니다.
#이거 왜 안 돼?
> → Why is this not working?

기둥 묶어 질문하면
> → Why isn't this working?

상황) 친구가 무거운 짐을 들려는데 움직이질 않습니다.
#뭐 하냐? 들어!
> hold it은 가만히 들고 있는 것이고, lift는 들어 올리는 겁니다. 보통 우리는 둘 다 '들어'라고 하지
만 행동이 다릅니다. <
> → What are you doing? Lift it!

#지금 드는 중이거든! (노력 중이야!)
> → I am trying!

#너무 무거워!
> → It's too heavy!

#네가 해봐!
> → You try it!

6

18

접속사

Because

이 그림은 라파엘의 〈The School of Athens [아*씐즈]〉입니다.

그리스의 수도 아테네를 영어로는 'Athens'라고 해요.

중앙 오른쪽이 그 유명한 아리스토텔레스입니다. 소크라테스, 플라톤과

함께 서양의 근본 사상을 구축한 인물이죠. 동양으로 치면 '공자, 노자,

맹자' 식입니다. 아리스토텔레스는 알렉산드로스 대왕이 왕자였을 때

그의 교육을 담당했었다고 합니다.

#이 얘길 저한테 왜 해주세요?

영어로 하면요?

→ Why are you telling me this?

왜? Why?

아리스토텔레스는 누구도 하지 못한 체계적이고 방대한 연구를 인류사에 물려주었다고 합니다.
아리스토텔레스에 따르면 뭔가가 일어날 때, 그것에 대한 원인이 4가지로 나뉜다더군요.
그것을 4 causes [코지즈]라고 합니다.
그럼 #원인은 영어로?
바로 위에 답이 있잖아요.
Cause!

#'원인과 결과'는 영어로?

Cause and ?

'결과'는 영어로?

result? 시험 결과, 테스트 결과는
exam result, test result가 맞습니다.
하지만 원인과 결과 할 때의 '결과'는 영향을
받아서 생긴 결과를 말하는 거죠. 원인이 있는
결과를 말하는 거예요. 이럴 땐,
cause and effect [코즈 앤 이*펙트]라고 합
니다.

#난 행복해.

→ I am happy.

#내가 왜 행복하냐고?

→ Why am I happy?

#네가 여기 있어서.

내가 행복한 것의 원인은 네가 여기 있어서죠.

원인 cause

원인 자체 BE-cause!

→ I am happy because you are here.

because는 '왜냐하면, 때문에'라고 많이들 아
십니다. 쉬워서 화려하게 등장시켜봤습니다.

I am happy. You are here. 이 두 기둥 문장이
I am happy because you are here. 한 문장
이 되었잖아요.
연결끈 같지만 다른 점이 있답니다. 보세요.

Because you are here, I am happy.
뒤의 기둥 문장이 통째로 움직여서 앞으로 올
수도 있는 거죠.
연결끈은 이것이 불가능하죠? 끈으로 묶었
기 때문에 풀리지 않습니다. 하지만 이번 것
은 배경을 먼저 깔아주는 식으로 통째로 앞으
로 나올 수 있어요. 쉽게 풀리는 거죠. 그래서
because는 리본입니다.

원인을 먼저 말하면서 배경을 깔 수 있고.
배경이니 콤마 찍어주고요.

쉽게 풀림
통째로 배경이 됨
Because _____ ,

그럼 좀 더 만들어보죠.

#걔 왜 안 오지?
→ Why is he not coming?
#자기 고객 만나는 중이거든.
> 원인을 말하죠. '고객'은 client [클라이언트] <
→ Because he is meeting his client.
#걔 안 올 거야, 고객 만나는 중이라서.
→ He won't come because he is meeting his client.

#걔 안 와, 고객 만나는 중이거든.
because를 '왜냐하면, 때문에'로만 외우면 안 돼요!
정작 우리말은 그렇게 '왜냐하면'을 자주 사용하지 않는답니다.

예문만 봐도 금방 드러나죠.
'고객을 만나기 때문이야' 아니면 '왜냐하면 고객을 만나는 중이거든'
이런 식으로 우리가 풀어 말하지 않잖아요. 그러니 because를 번역이 아닌
느낌으로 기억해서 연습장에서 만들어보세요.

#A: 넌 이걸 왜 하고 있는 거야?

....Why are you doing this?

#B: 널 사랑하니까!

....Because I love you!

#B: 널 사랑하기에 이걸 하는 거야.

....I am doing this because I love you.

#사람들은 이 직물로 옷 안 만들어, 이게 너무
싸구려니까.
fabric [*파브*릭]=직물 / cheap [칲]=싼

People don't make clothes with this fabric
.... because this is too cheap.

#나 좀 도와줄 수 있어? 움직일 수가 없어서.
move

....Can you help me? Because I can't move.

#이거 마시지 마! 내가 아껴두고 있는 거니까!
save

....Don't drink this! Because I am saving it!

#1. 너랑 대화를 못 하겠어.

....I can't talk to you.

#2. 네가 나한테 두통을 줘서 너랑 대화를 못 하겠어.
headache [헤드에이크] / give

I can't talk to you because you
.... are giving me a headache.

#이거 바꾸지 마, 왜냐하면 이게 너니까!
change

....Don't change this because this is you!

87

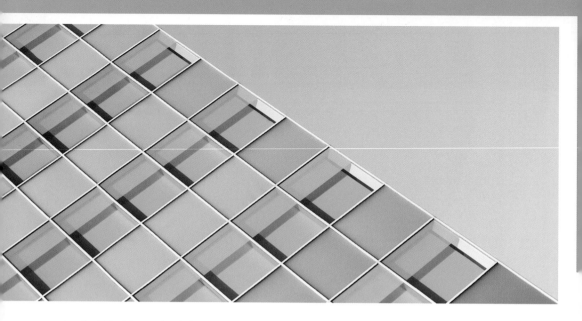

Why에 대한 답을 우리는 '이유'라고 하죠.
#이유는 영어로?
reason [*리즌]

#너 때문이야!
이유가 너! 때문인데! 기둥 문장이 아니죠.
그냥 'You!' 하면 되잖아요.

그런데 because는 기둥 문장 전체가 나와야
해서 단순히 명사만 붙지 못해요. 그래서 이럴
때는 because 다음에 껌딱지를 붙여줍니다!
설명하기 위해 한 번 더 들어가는 껌딱지!
뭐죠? of.
Because of you!
잘 어울리죠?

만들어보세요!
#나 때문에, 우리 저기 못 들어가.
→ Because of me, we can't go in there.

하나 더 해보죠.

#왜 늦었어?
→ Why are you late?
#교통 체증 때문에요.
>'신호등'은 traffic light [트라*픽 라이트]
'교통 표지'는 traffic sign [싸인]
'교통 체증'은 traffic jam <
→ Because of a traffic jam.

연습장에서 because 다음에 기둥 문장이 아
닌, 간단한 명사가 들어가도록 만들어보세요.

#A: 우리 이거 왜 하고 있는 거야?

.... Why are we doing this?

#B: 너 때문에 이걸 하고 있는 중이잖아!

.... We are doing this because of you!

#저는 좋은 음식 때문에 그 식당에 갑니다.

.... I go to that restaurant because of good food.

#저는 좋은 음식 먹으러 그 식당에 갑니다.
*조심! 여기서는 리본 말고 다른 것으로 만들어보세요!

.... I go to that restaurant to eat good food.

#너랑 그 바보 같은 프로이트 때문에, 엄마랑
대화를 못 하겠잖아!
stupid Freud [*프로이드]=바보 같은 프로이트

Because of you and that stupid Freud,
.... I can't talk to my mom!

#난 여기 너 때문에 있는 거야.

.... I am here because of you.

#A: 저들이 왜 실패하고 있는 거죠?
fail [*페일]

.... Why are they failing?

#B: 저 남자분 때문이에요.

.... Because of that man. / It is because of that man.

#화석연료 때문에 상황이 나쁩니다.
fossil fuel [*포씰 *퓨을]=화석연료 / things=상황

.... Because of fossil fuel, things are bad.

89

6¹⁴

현재진행시제 미래형

FUTURE & GO vs. COME

미래 기둥은 WILL로 써줬죠!

WILL은 '의지'라는 단어도 되어 미래에 할 것들, 그럴 기미가 보이는 것들을 WILL로 써줍니다.

그런데 미래이긴 하지만 확실히 일어난다고 생각하는 것들 있잖아요.

약속 다 잡혔고 바뀔 거 전혀 없고 갑자기 재난이 있지 않은 이상 계획대로 갈 것들.

이것들은 Be + 잉 기둥으로도 쓸 수 있습니다. 아예 예언하는 수준인 거죠.

'그렇게 될 거야. 이미 그리로 진행 중이라고!'

굳이 따져서 WILL 기둥이 가능성 85~90% 정도면, 이 기둥은 99.99%인 거죠.

우리말도 마찬가지입니다. 보여드릴게요.

1. 너 지금 어디가?
나 페루 가.

2. 너 내년에 어디 가?
나 페루 가.

시간이 다른데 똑같이 말할 수 있죠?

그럼 다음 문장 봐보죠.
나 내년에 페루 갈 거야.

나 내년에 페루 가.
한국말로도 어디에 더 '확신'이 있는지 알 수 있죠? 영어도 같은 식입니다.
그럼 BE + 잉 기둥으로 미래를 말해보세요.

#나 내년에 페루 가.
> Peru <
→ I am going to Peru next year.

상황) 아빠가 부엌에서 부릅니다.
#저녁 다 됐다!
> dinner [디너] or supper [써퍼] / ready <
evening은 저녁 시간이고 저녁밥이 아닙니다.
'저녁이 준비됐다!'고 말하면 돼요.
→ Dinner is ready!

방에서 뭘 하면서 말합니다.
#알겠어요! 갈게요!
아직 가는 중은 아니지만, 확실히 갈 거죠.
→ Okay, I am coming!
going으로 하신 분들 있죠?
'가다'는 무조건 go이고 '오다'는 무조건 come 이라고 생각할 수 있는데 기다리는 사람이 있어서 그 사람에게 갈 때는 come입니다.
물론 go로 해도 다 알아는 들어요.

아는 것은 1단계! 만들어보는 것은 2단계.

상황) 친한 친구랑 통화하는데 목소리가 이상합니다.
#너 우냐? 기다려. 지금 너희 집에 간다.
→ Are you crying? Wait for me.
그냥 wait가 아닌 'Wait for me'?
Wait!만 하면 듣는 사람은 순간 '뭘 기다리라는 거야?' 할 수 있어요. '지금 상대방 집에 누가 초인종을 눌렀나?' 이런 생각을 할 수도 있죠. 그래서 'Wait for me'까지 말해줍니다.
나를 위해 기다리라는 거죠.

#지금 너희 집에 간다.
확실하게 갈 거면, 좀 더 강하게 BE + 잉 기둥으로
→ I am coming to your house now.
#지금 당장 너희 집에 간다.
→ I am coming to your house right now.

다음 상황) 지인에게 묻습니다.
#다음 주에 제 전시회에 오실 건가요?
> exhibition [엑씨'비션] <
확실히 올 거냐고 물을 때도 BE + 잉 기둥으로 질문해도 되는 겁니다.
→ Are you coming to my exhibition next week?

#당연히 가야죠.
대화를 하고 있는 상대방한테 가는 거죠.
→ come
→ Of course I am coming.
좀 더 간단하게는,
→ Of course I am.

come과 go가 헷갈려도 걱정 마세요. 말은 전달법이 다양하니 여러분이 편한 것으로 하면 됩니다.
불편하면 그 구조는 사용 안 하면 돼요.

#저희 회사에서 파티 하는데, 오시나요?
> '파티를 하다'는 have a party <
→ We are having an office party,
미래인데, Will you come? 하면 '올 마음 있어?'라고 85% 수준으로 묻는 거니까,
좀 더 강하게, '확실히 올 거냐?' 물을 때는 Are you coming?

#언제인데요?
카멜레온과 기둥 잊으면 안 돼요!
"이건 내일입니다"에서 쌓아진 구조입니다.
This is tomorrow.
→ When is it?

#이번 달 마지막 토요일에 해요.
→ We are having it~
extra 언제? 작은 시간부터 말합니다. → on the last Saturday~
extra 마지막 토요일인데 한 번 더 들어가서 이달 마지막 토요일이죠?
→ of this month
→ We are having it on the last Saturday of this month.

#Yes, I can make it.
무슨 뜻일까요?
'그거 만들 수 있다?' 우리말로는 '갈 수 있어'라는 뜻입니다.
왜 make를 썼을까요?
스케줄이 있는데 토요일은 그곳에 갈 수 있게 시간을 만들 수 있다고
말하는 겁니다.
I can make it.

그럼 연습장에서 대화체로 다양하게 기둥을 섞어보세요.

#A: 너 지금 헬스장에 있지? (그렇지?)
gym [짐]

....You are at the gym now, aren't you?

#B: 어, 있어.

....Yes, I am.

#A: 내가 지금 네 헬스장으로 가도 돼?

....Can I come to your gym now?

#A: 너 지금 아직도 회사지, 아니야?

....You are still at work, aren't you?

#B: (정정해주면서) 아니야, 집에 가는 중이야.
on my way home

.... Actually, I am on my way home.

#A: 그럼 나 좀 이리로 데리러 와줄 수 있어?
pick up

....Then can you come and pick me up here?

#B: 알았어, 갈게. 10분 안에 도착할 거야.

....Okay, I am coming.
.... I will be there in 10 minutes.

#A: 지금 휴가 계획 잡고 있는 중인데….
holiday / plan

....I am planning my holiday right now.

#나 한국 가서 너랑 같이 있어도 돼?

....Can I come to Korea and stay with you?

93

6 15

a lot of

실수는 셀 수 있죠?
a mistake [미'스테이크]

#많은 실수
→ many mistakes
한 개의 실수로 받은 피해는 한 개라고 셀 수 없겠죠.

#많은 피해
> damage <
→ much damage
'데미지가 크다'고 우리도 말하잖아요.

세고, 세지 않고 일일이 골라내기 피곤하죠? 간단한 해결법!

many mistakes 대신

lots of [랏츠 오*브] mistakes

much damage 대신

lots of [랏츠 오*브] damage

lot은 much, many와 똑같아요.
그런데 뭐가 많다는 거죠? 그래서 of로 한 번 더 들어갑니다.
말할 때 정말 많이 사용해요.
글 쓸 때는 생각할 시간이 있으니 many / much 고민할 수
있지만 말할 때는 정신이 없으니 간단하게 lots of로 가면 해
결되는 거죠. 문장에 적용해볼게요.

#회장님은 가족과 많은 시간을 보내나요?
> spend <
회장님이건 누구건 내 앞에 있으면 YOU.
Do you~ '시간을 보내다'는 spend.
→ Do you spend lots of time with your family?

#재미있게 놀아!
→ Have fun!

#저희 이곳에서 정말 재미있게 놀고 있어요.
We are having fun인데,
정말 재미있게 놀고 있으면 lots of fun here를 써요.
→ We are having lots of fun here.

그럼 연습장에서 직접 만들어보세요.

#너 오늘 밤 나한테 너무 많은 질문을 물어본다.
questions / ask

.... You are asking lots of questions to me tonight.

#너 일 많아?

.... Do you have lots of work?

#많은 미술 학생이 이 기숙사에 살아.
art students / dorm=기숙사

.... Lots of art students live in this dorm.

#우린 같이 책들을 많이 읽어.

.... We read lots of books together.

#자기 아버님 회사에는 많은 외국인이 있네.
company=회사 / foreigner [*포*리너]=외국인

.... Your dad's company has lots of foreigners.

> 어렵지 않은 것 하나 알아두세요.
> lots of랑 같은 말이 있는데 바로 a lot of입니다.
> 뒤에는 a가 있어서 다를 것 같지만 뜻에 차이가
> 없으니 신경 안 쓰셔도 돼요. 쉬우니까 문장을 좀
> 더 꼬아서 만들어보죠.

#넌 여기 물건들이 많이 없네.
> 물건도 그냥 things라고 하면 됩니다. <
→ You don't have lots of things here.
→ You don't have a lot of things here.

#나 돈 많이 없어.
→ I don't have a lot of money.
#이게 내가 가지고 있는 거야.
이게 = 내가 가지고 있는 것. BE 기둥이죠?
This is~ 그리고? WH 1!
Hint. 내가 가지고 있는 게 뭐야?
What do I have?
→ This is what I ( ) have.

#이게 다야. 이거야.
→ This is it.
보지 말고 다시 만들어보세요.
#나 돈 많이 없어. 이게 내가
가지고 있는 거야. 이게 다야.

마지막 정리!
#전 커피 필요 없어요.
→ I don't need coffee.

#에너지가 많이 있어요.
→ I have a lot of energy.

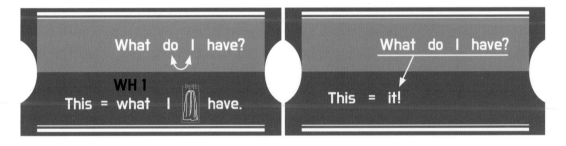

6¹⁶

Buy me this.
Buy this for me.

이번 장은 껌딱지 느낌을 잘 알면 어렵지 않지만

모르면 헷갈리는 부분입니다.

워낙 학교 시험 단골 문제인데

익숙해지기 위해 스텝을 따로 만들었습니다.

먼저 다음 문장들을 만들어보세요.

#왜 슬퍼해?

> → Why are you sad?

#그러지 마!

이런 말이 더 어려워 보이죠?
슬퍼하는 상태가 되지 말라는 거예요.
Don't be~ 하고 껌딱지 like that! that같이 굴지 말
라는 거죠.

> → Don't be like that!

상황) 나한테 하는 행동이 싫어요.

#하지 마!

> → Don't do it!

#나한테 그러지 마!

이번에는 행동을 그렇게 하지 말라는 거죠.
Don't do this~
'나한테'니까 무슨 껌딱지? 방향! to me!

> → Don't do this to me!

#이거 해!　　→ Do this!
#해!　　→ Do it!
#나 이거 해줘!

Do this~
껌딱지 어떤 걸로 붙일까요? 나한테 하라는 건가요,
날 위해서 하라는 건가요? 위해서 껌딱지니 for me!

> → Do this for me!

껌딱지의 느낌을 알고 있으면 우리는 처음 보는 문
장들이 나와도 어떤 것이 어울릴지 추측을 할 수 있
게 됩니다. 하지만 시험 보는 학생들 보면, 어떤 동사
는 꼭 for가 붙어야 하고, 어떤 건 to, 어떤 건 of가 붙
는다고 암기하기만 합니다. 이렇게 무작정 이해 없이
외우면 시험 때만 넘어갈 뿐이고 그것도 헷갈려 합니
다. 시간 지나면 무용지물이 되죠. 자꾸 접하면서 무
슨 느낌으로 왜 저 껌딱지를 썼을까 상상하고 인식하
면 정말 자기 것이 됩니다.

상황) 백화점에서 아빠가 어디로 갑니다. 그래서 언니한테 물어요.
> '백화점'은 영어로? department store [디'팔~트먼트 스토어], department는 '부서'도 됩니다.
store='가게'가 다양하게 부서처럼 나뉘어 있잖아요. 그래서 department store <

#아빠 어디 가?
→ Where is Dad going?
Dad를 호칭으로 부를 때는 대문자로 써줍니다. Where is John going? 식인데 아빠나 엄마한테는
이름으로 부르지 않으니, Dad를 이름처럼 써준 거죠.

#아빠 선물 사시는 거야!
> present [프*레즌트] / buy <
→ He is buying a present!
굳이 또 Dad라고 할 필요 없다고 했죠?

#아빠 우리 주려고 선물 사시는 거야!
껌딱지로 간단하게! 우리를 위해 사는 거죠. for us.
→ He is buying a present for us!

여기서 buy만큼 잘 쓸 수 있는 동사는?
바로 get!
→ He is getting a present for us!

자! 스텝 03[19]에서 배운
Give me the boy.
Give the boy to me. 기억나죠?
for도 이런 식으로 할 수 있답니다.

He is buying a present for us. 대신
He is buying us a present.
바로 give me처럼 buy us가 먼저 나오고 a present가 연결될 수 있는 거죠.
그럼 아빠가 우리를 사는 게 아니라, 우리한테 present를 산다고 상상이 가잖아요.
상식적으로 보면 답이 나와요.

그럼 연습장에서 껌딱지가 있는 문장과
없는 문장으로 양쪽을 다 만들면서
기둥들도 다양하게 복습하죠.

Give me . . . the boy.
↓ 같은 틀
Buy us . . . a present.

#쟤(여) 나 커피 만들어주고 있어?

Is she making coffee for me? /
.... Is she making me coffee?

#내 남자가 나 노트북 사주는 거야?

laptop / buy

Is my man buying me a laptop? /
.... Is my man buying a laptop for me?

#너 언제 나한테 그 인삼 보내줄 거야?

ginseng [쥔셍]=인삼 / send

When will you send that ginseng to me? /
.... When will you send me that ginseng?

#나한테 이 비싼 펜 사주지 마! 안 필요해!

expensive [익스펜씨*브]

Don't buy this expensive pen for me! I don't need it! /
.... Don't buy me this expensive pen! I don't need it!

#제 남편은 항상 저를 위해 이걸 요리해줘요.

My husband always cooks this for me. /
.... My husband always cooks me this.

#나 손전등 좀 갖다 줄 수 있어?

flashlight [*플'라쉬라이트]=손전등

Can you get the flashlight for me? /
.... Can you get me the flashlight?

#난 우리 어머니 생신을 위해 하와이에 가는 비행기
티켓 살 거야.

Hint: BE + 잉 기둥 사용 / 껌딱지는 계속 뒤에 붙일 수 있음!

Hawaii / plane ticket [플레인 티켓]

I am getting a plane ticket to Hawaii
for my mum for her birthday. /
I am getting my mum a plane ticket to
.... Hawaii for her birthday.

6 17
전치사 / 부사

껌딱지는 쓸수록 탄탄해지죠? 자주 쓰는 것은
거의 다 끝났습니다. 새로운 것을 들어가볼게요.

'자본주의'는 영어로 뭐죠?

현대캐피탈 같은 광고 봤죠? 캐피탈, capital은 '자본금, 자산'이란 뜻.
크거나 중요하다고 생각하는 것에 capital이란 단어로 재활용을 많이
합니다. **'대문자'**는 capital letter, 국가의 '수도'는 capital city.

자본주의, 개인주의, 공산주의 등 체계화된
이론이나 학설을 '주의'라 합니다.
영어는 ism [이즘]을 붙이면 돼요.

자본이 capital이니까
'자본주의'는 capitalism [캐피털리즘].
이제 문장 쌓아보죠.

#이건 짧은 논문이야.
> 리포트, 학문적인 글은 essay [에쎄이] <
이게 = 짧은 논문. 그럼 무슨 기둥? BE 기둥.
→ This is a short essay.

이건 자본주의에 관한
짧은 논문이야.

This is a short essay~
'~에 관한, ~에 대해서' 느낌의 껌딱지
about [어'바운]
→ This is a short essay about capitalism.

#이 영화는 한 소년에 대한
것입니다.
→ This movie is about a boy.

about은 쉬우니 연습장에서 만들어보세요.

#A: 뭐 읽고 있어?

....What are you reading?

#B: 기린에 관한 잡지 읽는 중이야.
giraffe [쥐'*라*프]=기린 / magazine

....I am reading a magazine about giraffes.

#제 이야기는 한국 역사에 대한 이야기예요.
Korean history

....My story is about Korean history.

#내가 무슨 생각 하느냐고? 중력에 대해 생각하고 있어.
think / gravity [그*라*비티]=중력   What am I thinking about?

....I am thinking about gravity.

#A: 무슨 얘기 하는 거야?
talk

....What are you talking about?

#B: 너 얘기하는 거다!

....I am talking about you!

103

about은 컴퍼스를 대고 그 주위를 뱅그르 돈다고 생각하면 됩니다. 예를 들어 정치에 대해 토론을 하면 정치를 중간에 두고 그것에 관련된 것을 살펴보는 거죠. 이 느낌이 바로 about입니다.

상황) 누군가 우리 가족에 대해 이렇다 저렇다 말해요.
우리 가족에 대해서 그렇게 말하지 마!
→ Don't talk about my family like that!

about은 그 반경 전체를 아우른다 생각하면 돼요.
그럼 한 단계 나아가서 재활용해봅시다.
다음 문장을 만들어보세요.

반복되는 스케줄을 잡기 위해 묻습니다.
우리 몇 시에 시작해?
→ What time do we start?
2시에 시작할 거야.
→ We will start at 2.

2시 정도에 시작할 거야.
2시를 중심으로 그 둘레까지 포함하는 껌딱지? about!
이미지 보이죠?
→ We'll start (at) about 2.

이거 얼마야?
→ How much is this?
이거 한 100만 원 정도야.
This is 100만 원 정도. 정확히 100만 원이 아닌 그 중심을 두고 주위에서 도는 겁니다.
그러니 껌딱지 뭘까요? about을 붙이면 되죠.
→ This is about 1 million won.

#전 거기에 대해선 아무것도 모릅니다.

여기선 nothing을 사용해보세요.

→ I know nothing about that.

#이거에 대해서 어떻게 생각하십니까?

how는 어떤 방법으로 생각하느냐인데 이 질문은 '무슨 의견을 가지고 있느냐'고 질문하는 것이니 what으로 들어가야 합니다. 만들어보세요.

→ What do you think about this?

#이것들은 마음에 드는데, 저것들은 좀 확신이 안 서네요.

I like these, but 다음에 내 상태가 확신이 안 서는 거죠.

sure를 써서 I am not sure, 여기까지는 배웠죠?

extra 엑스트라들 더 있네요. 확신이 안 서는데 저것들에 대해서, about those

→ I am not sure about those.

→ I like these, but I am not sure about those.

마지막으로 만들어보세요!

#이거 얼마나 오래 걸리는 거야?

→ How long will this take?

#약 1시간쯤 걸릴 거야.

→ It will take about an hour.

#전 다 알아요.

→ I know everything.

#전 다 알아요, 그것에 대해.

→ I know everything about that.

6.18

what on earth

이번 스텝은 편하게 가죠.

격식적인 글(문어체)에는 안 쓰이지만

실제 대화할 때 잘 쓰는 말을 살펴볼게요.

#이게 뭐야?
→ What is this?

말도 안 되는 것을 보면
이게 도대체 뭐야? 이런 말 쓰죠?
어처구니없거나 기가 탁 막힐 때 쓰는 말!
당연히 영어에도 있습니다.
'What is this?'에 덧붙여서
'What on earth is this?'라고 합니다.

earth [얼*쓰]는 대문자로 안 쓸 때는 '땅'을 말
합니다. 원래 하늘은 sky고 땅은 earth라 불렀
다가 과학의 발전으로 로켓 타고 하늘 너머 나
가니 우리가 사는 곳을 다시 보게 되면서 아예
이 행성 자체를 the Earth라고 명칭한 거죠.

지구 할 때 '지'도 '땅 지'에서 온 말이잖아요.
What on earth~ 무엇이 on earth, 땅 위에.
다시 말해 땅 위에서 지금까지 본 적이 없다는
겁니다. 그만큼 기가 막힌 거죠.

What on earth is this?
우리말로는 항상 그랬듯이 다양하게 할 수 있
겠죠.
뭐 이런 게 다 있어? 이게 뭐래?
What on earth is this?

뒤에 말 다 빼고 'What on earth!'만
말하기도 한답니다. 격한 감정을 표현하는 것
이기 때문에 다양하게 표현 가능합니다. 레벨
을 올려볼까요?

옛날에 지구가 둥그런 공이란 사실은 받아들일 수 없는 이론이었죠? 그래서 지구는 둥글다고 한 과
학자 코페르니쿠스의 책은 교황청의 금서 목록이 되어 200년 동안 읽지 못하게 했습니다.

옛날 상상으로 봤을 때 발밑에는 땅이 있고 땅을 파면 지하인데 더 깊은 지하에는 뭐가 있다고 생
각했을까요? 화산에서 불이 뿜어져 나오는 것을 보면 분명 불덩어리가 있으니, 지옥이 불과 관련된
것이 우연은 아닌 것 같죠?
'지옥'은 영어로? the hell [더 헬]

그래서
뭐야 이거?! What on earth! 대신 What the hell!도 쓰입니다.
on 없죠? 땅은 우리 몸이 표면에 닿아 있지만, hell은 그렇지 않잖아요. 상식적이죠?
'What the hell'은 예의를 차려야 하는 상황에서는 안 하는 것이 좋습니다. 그럼 왜 배우느냐고요?

개인적으로 외국어를 배울 때는 욕도 초반부터 알아야 한다고 생각합니다.
남이 웃으며 욕하는데 못 알아들어서 배시시 웃지 않도록 기본적인 욕은 알아야 반응을 하겠죠.
한국에도 착한 사람만 있는 것이 아니듯 외국에도 좋은 사람들이 대다수이지만 그렇지 않은 경우
도 있습니다.

실제 동생의 일화를 말씀드릴게요. 한국으로 귀국 후 하루는 전라도의 한 작은 식당에서 한국 친구와 식사를 하고 있는데 옆에 백인 두 명이 들어와 앉았답니다. 외국은 모르는 사람끼리도 인적이 드문 공간에서 눈이 마주치면 인사를 하는 문화가 있고, 외국 생활을 오래한 동생은 그들과 눈이 마주치자, 자연스레 "Hi"라고 편하게 인사했습니다.

그러자, 그 외국인이 웃으며 이렇게 인사했답니다.

What's up, ni**er!

이 단어는 굉장히 안 좋은 것으로 'the N word'라고 표현할 정도로 영어권에서는 금기어입니다. 원래 흑인을 경멸할 때 사용하는 인종차별적 단어입니다.

그냥 스쳐 지나가는 인사말이니, 영어를 못하는 사람이라면 잘 못 듣고 인사라 넘겼겠죠. 하지만 제 동생은 영어를 하니까 바로 영어로 대응했어요.

"방금 나한테 ni**er라 불렀냐?"

그랬더니 이 외국인이 완전히 당황하며 영어로 대답했다고 합니다.

"아 영어 할 줄 알아요? 아, 미안해요."

그래서 실망한 눈빛을 보이며 "정말 실망스럽네요" 하면서 영어로 핀잔을 줬다고 해요. 이 외국인은 결국 계속 버벅대다가 "아, 미안해요"를 반복하며 안절부절못하더니 결국 빨리 식당을 떠났다고 합니다. 욕도 모르는 것보다는 아는 것이 좋겠죠? 자! 더 만들어보죠.

상황) 회사에서 둘이 내 얘기를 하는 것 같아요.
#제 얘기 하십니까?
→ Are you guys talking about me?
#아니요. 아닌데요.
→ No, we are not.

#그럼 무슨 얘기 하는 중이세요?
→ Then, what are you talking about?
싸우자고 시비 걸어볼까요?
#그럼 대체 뭔 얘기 하는 건데요?
→ Then, what the hell are you talking about?

그러자 그들이 말합니다.
#God! You are paranoid!
직역하면 "신이여! 넌 피해망상적이야! 편집증적이야!"입니다.
자연스러운 우리말로는 **"야! 너 예민해!"**

paranoid [파*라노이드]는 남들이 자기에 대해 말한다고 느끼는 피해망상적이고 편집증적인 환자에게 쓰는 말로 일상에서도 쉽게 쓰는 영어 단어입니다.
You are paranoid! 사람이 다양하게 예민할 수 있는데 영어는 그걸 분류한 겁니다.

그럼 연습장에서 어이없는 감정을 이입하면서 연습해보세요.

#저게 도대체 뭐래?

What on earth is that? /
.... What the hell is that?

#도대체 어떻게 그걸 읽고 있는 거야?

.... How on earth are you reading that?

#아저씨는 대체 누구고, 내 집에서 뭐 하는 거예요?

Who the hell are you and what
.... are you doing in my house?

#도대체 아침 7시에 여기서 뭐 하는 거야?!

What the hell are you doing here
.... at 7 in the morning?!

#도대체 어디로 갈 건데?

....Where on earth will you go?

#도대체 사람들은 어떻게 이 속에서 사는 거야?

How on earth do people live in here? /
.... How the hell do people live in here?

#잰(남) 도대체 뭔 생각이래?

....What the hell is he thinking?

#그 금붕어 가지고 너 지금 도대체 뭐 하는 거야?
goldfish [골드*피쉬]

....What the hell are you doing with that goldfish?

6¹⁹

간접의문문

WH 1

'나치'였던 군인이 본인은 나쁜 사람은 아닌데 직업상 어쩔 수 없이
명령에 따랐을 뿐이라며 책임을 회피할 때 잘 반박하는 말.

#What you do is who you are.

분해해보세요. WH 1입니다. 기둥 문장 보이잖아요.

What you do. 무슨 기둥이죠? DO 기둥이 숨겨져 있죠.

What you (do) do인데 DO 기둥의 특징이 잘 숨는 것이었잖아요.

What you do do. 질문으로 카멜레온과 기둥을 원상 복귀해서

뒤집으면 뭐가 나오죠?

What do you do? 우리말로?

"뭐 하세요?"

What you do is who you are.

What   you   do
↓
What   you   do
              ↳ 원상 복귀
↓ What   do   you   do?

D O E S   do be

지금 당장 뭐 하느냐고 묻는 것이 절대 아닙니다. 반복적으로 뭐 하냐, 보통 "무슨 일 하세요?" 할 때 잘 쓰는 질문!

#넌 매일 뭐 해?
→ What do you do every day?

#남편분은 뭐 하세요?
→ What does your husband do?

그럼 **'당신이 하는 일'**을 영어로 간단하게 만들 수 있는 법!
What do you do?를 다시 일반 '평서문' 구조로 바꿔주면 되죠!
그래서 What you ( ) do.
→ 평서문인 You ( ) do this.
→ 이 문장을 YN Q, Do you do this?
→ 그다음 WH Q, 'What do you do?'
여기까지 만들 수 있으면 WH 1인
What you do도 만들 수 있겠죠? (스텝 03¹⁷)

What you do는 '당신이 하는 일' 외에 우리말에서 더 다양하게 표현될 수 있습니다.

'당신이 하는 것', '당신이 하는 행동', '당신 행동' 등등. 우리말은 변형이 많죠?

What you do~ 계속 이어가죠.
~ is who you are.
Who you are도 WH 1인 거 보이나요?
BE 기둥! Who are you?에서 원상 복귀해 뒤집은 겁니다.

내가 누구냐?
'난 좋은 사람, 난 말과 행동이 같은 사람' 이런 것이 'Who I am'에 들어갈 수 있어요.

What you do is who you are.
자신은 못된 사람이 아니지만 직업 때문에 나쁜 짓을 했다, 명령으로 나쁜 행동을 했다는 사람에게는 영어로 이렇게 말합니다.

메시지 전달되죠?
우리말은 이런 식으로 표현하지 않지만 영어가 왜 이렇게 만드는지를 알면 훨씬 더 간단하게 영어로 말을 만들 수 있답니다.
통역이나 번역을 할 때는 여러분이 우리말로 다시 좋게 정리해서 전달하면 되겠죠?
위의 말을 번역기로 먼저 돌려볼까요?

당신이 할 일은 당신이 누군지입니다.
여러분이 하실 것은 누구냐 하는 것이다.
이상하죠?

자연스럽게 번역한다면?
What you do is who you are.
당신의 행동이 당신을 나타냅니다.
당신의 행동이 바로 당신입니다.

번역은 여러분의 몫이에요.

What you do is who you are.

What do you do? = who are you?

'당신의 행동' 하면 'your action'만 될 수 있지만 'what you do' 하면 'your action, your job, your choice' 등 다양하게 다 될 수 있는 거예요. WH 1이 WH Q에서 나온 구조니 답이 한정되어 있지 않겠죠. 그래서 이 WH 1 구조를 사용하면 훨씬 더 쉽게 다양한 말을 전달할 수 있는 겁니다. 영어는 이런 구조를 훨씬 더 많이 사용한다고 했죠?

이 WH 1 구조를 자유자재로 섞어서 다양한 말을 만들어내는 실력을 기본으로 갖춰야 합니다.
'What you do is who you are' 문장도 이미 여러분이 다 아는 단어로 이루어져 있잖아요? 이런 것들이 쉽게 이해되고 잘 보이려면 연습 밖에 방법이 없답니다.

#연습! 연습! 연습!
→ Practice! Practice! Practice!

이번 스텝에서는 WH 1을 6번 기둥까지 함께 엮을 겁니다. 여기 문장들이 쉽게 안 만들어지면 스텝 03[17]과 05[19]를 복습하세요! 복습은 할 수록 수월해지니 이 스텝만큼은 되돌아가는 것을 두려워 마세요!

계속 더 만들어보죠.

#그거 불법이야!
> legal [리걸]은 합법.
단어 머리에 il [일]을 붙이면 반대 뜻이 된답
니다. illegal [일리걸]은 불법 <
→ That is illegal!
that을 쓸 때는 콕 집어 포인트 하는 거였죠?

상대가 묻습니다.
#뭐가 불법인데?
주어, 다시 말해 카멜레온을 모르니 WH 주어
로 질문하면 되죠?
→ What is illegal?

#저 남자가 지금 하고 있는 거!
자! 영어로 어떻게 만들죠?
'저 남자가 지금 하고 있는 것'.

#저 남자 지금 뭐 하고 있어?
이 말 먼저 만들어보세요.
지금 당장 뭐 하느냐니까 BE + 잉 기둥.
→ What is that man doing now?

이 질문을 평서문으로 원상 복귀하려면?
1번 2번 뒤집어서
→ What that man is doing now.
이 말이 바로 **'저 남자가 지금 하고 있는 거'**
예요.

그럼 만들어보죠.

#저 남자가 지금 하고 있는 거 불법이야!

→ What that man is doing now is illegal!

#나 저 남자가 지금 하고 있는 거 마음에 안 들어!

누가 마음에 안 들어요? 내가 → I don't like

뭐가 마음에 안 들어요?

저 남자가 지금 하고 있는 것

→ what that man is doing now

→ I don't like what that man is doing now.

이렇게 WH 1은 카멜레온 자리에도 갈 수 있고 엑스트라 자리에도 갈 수 있습니다. 아주 유용한 녀석이죠?

카멜레온(주어) 자리의 WH 1은 it처럼 여겨지기 때문에 is가 나오는 것이 이제 자연스럽게 보이나요?

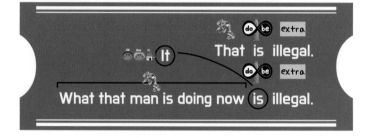

문장 쌓아서 만들어보죠.

#1. 멈춰!

→ Stop!

#2. 너 지금 뭐 하냐?

→ What are you doing?

#3. 지금 하고 있는 거 그만해!

그만하라죠? 명령 기둥! Stop!

뭘 그만하래요? 지금 하고 있는 거

→ what you are doing

→ Stop what you are doing!

BE + 잉 기둥에 3총사까지 하려니 정신없나요? 그럼 is를 빼고 만들어보세요.

자꾸 헷갈리면 하나만 먼저 정확히 입에 익혀두세요. 그것이 탄탄해지면 다음 것이 나온답니다.

우리도 아이들이 산수나 국어를 못할 때 아직 머리가 깨이지 않아서 그렇다고 말할 때 있죠? 멍청한 것이 아니라 아직 안 보이는 거잖아요. 외국어도 마찬가지랍니다.

보면 단순히 머리가 깨이지 않아서 버벅댈 때가 있어요. 복습은 그 사람의 머리가 깨이게 도와줍니다. 저도 독일어를 공부할 때 같은 것을 3번, 시간차를 두고 보니 세 번째부터는 독학으로 공부가 가능했답니다.

상황) 일하는데 잘하고 있는 것인지 모르겠어요.

#A: 이거 맞아? 내가 잘하고 있는 거야?

항상 영어의 기초인 두비! 기둥! 잘 선택하세요!

두비 보면 카멜레온 자동으로 나오죠!

→ Is this right? Am I doing it right?

#B: 어. 네가 지금 하는 거 괜찮아.

　　네가 지금 하는 거?

　　　　너 지금 뭐 하는데? 여기서 나오면 되겠죠?

　　　　　→ What you are doing

그것이 괜찮다는 거죠? 너 하는 거 = 괜찮다 → is fine

간단하죠? 자주 하는 말 구조입니다.

→ What you are doing is fine.

> **What are you doing?**
>
> 　　원상 복귀 : 다시 뒤집어!
>
> **What you are doing is fine.**

WH 1은 다른 것 없이 계속 이게 반복이에요.

우리말과 다르기 때문에 번역만으로는 헷갈릴 수 있습니다.

그러니 WH 질문을 먼저 만들어보고 뒤집으면 우리말로 무슨 말이 될지 상상해보세요.

그럼 단어만 바꿔서 같은 구조로 반복 연습하며 실력을 탄탄하게 키워보세요!

WH 주어!

누군가에게 WH 주어 만드는 법을 알려줘야 한다면 어떤
식으로 설명할 건가요? 카멜레온이 주어죠. 이 자리가 비워져
있어서 질문하기 위해 뒤집을 것이 없으면 그냥 그 자리에
질문할 WH를 넣어버리면 되는 겁니다. 그럼 만들어보세요.

상황) 어디선가 우는 소리가 들립니다.
누가 우는 거야?
→ Who is crying?
좀 멈추게 해봐!
Hint: 날 행복하게 해줘! Make me happy!
→ Make it stop!
성별을 모르니 it으로 가면 됩니다.

상황) 전화가 와서 누나를 찾습니다.
여보세요? 지금 없는데요.
→ Hello, She is not in right now.
전화하는 분이 누구시죠?
→ Who is calling, please?
메시지 남겨드릴까요?
> 메시지를 take 할 수 있느냐 잘 물어요. <
→ Can I take a message?

연습 전에 WH Q와도 섞어 길게 대화해보죠.
상황) 동업자가 저녁 식사에 누구를 초대했다
면서 서둘러 백화점에 절 데리고 들어갑니다.
우리 지금 어디 가는 거야?
→ Where are we going now?
그리고 왜 서두르는 건데?
> '서두르다'는 rush [*러쉬] <
→ And why are we rushing?
어?! 뭐 사는 거야?
→ Huh? What are you buying?
그거 정말 비싼 와인이잖아!
→ That is really expensive wine!

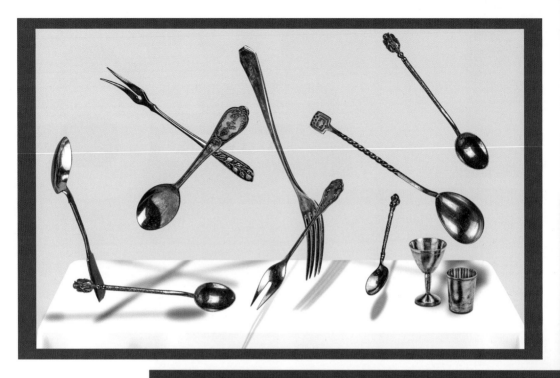

스스로 만든 문장과 가이드가 달라도 자신의 메시지가 전달되었다고
생각되면 걱정 마세요. 카멜레온, 기둥, 두비를 항상 잘 골라내는 것이
중요합니다.
'틀려도 괜찮아, 뭐 어때' 하는 태도는 외국어 스킬에서 계속 키워나가야
할 마음가짐입니다!

#어, 이거 우리 오늘 밤에 마시려고?
미래지만 미래에 확실히 마실 거냐고 묻고 싶을 땐 BE + 잉 기둥을 써도 됩니다.

> → Err, are we drinking this tonight?

같은 말을 'Is this'로도 질문할 수 있어요. 껌딱지 하나만 쓰면 간단하게 끝나는데 직접 골라서 말해
보세요.

#이거 우리 오늘 밤에 마시려고?

> → Is this for tonight?

왜 for를 쓰는지 보이죠?

#저녁 식사에 오는 사람이 누구인데?
확실히 올지 알면서 말할 때는 이렇게 BE + 잉 기둥으로 가능해요.

> → Who is coming to dinner?

#누가 와?

> → Who is coming?

#Guess who's coming to dinner.

Guess! 명령 기둥이죠. 알아맞혀 봐!

다음, who is coming to dinner. WH 1인 겁니다.

대신 WH 주어에서 나온 것이니 원상태로 뒤집을 것이 없어 그대로 붙은 거죠.

알아맞혀 봐, 누가 오는지 저녁 식사에~ 다시 정리하면

→ 누가 저녁 식사에 오는지 알아맞혀 봐!

〈Guess who's coming to dinner〉는 1967년에 개봉된 유명한 할리우드 영화
제목입니다. 같은 영화가 우리나라에서는 〈**초대받지 않은 손님**〉으로 번역되었네요.

저녁에 누가 오는지 알아맞혀 봐! 제목에서 전달되는 느낌이 상당히 다르죠?
영어 제목은 누가 오나 궁금하게 만들죠.

이래서 번역가들은 힘든 것 같아요. 어떤 식으로 옮겨야 영화 느낌도 잘 전달될까
고민해야 하니까요.
그럼 연습장 들어갈게요.

#누가 점심 요리할 거야? (99% 확신)
lunch / cook

.... Who is cooking lunch?

#무슨 일이 벌어지고 있는 거야?
happen

.... What is happening?

#누가 저와 같이 갈 건가요? (99% 확신)

.... Who is coming with me?

#누가 바보처럼 굴고 있어?
foolish [*풀리쉬]=바보 같은

.... Who is being foolish?

#도대체 누가 지금 전화하는 거야?!

.... Who the hell is calling now?!

#누가 너 도와주고 있어?

.... Who's helping you?

#누가 이 컨셉을 작업하는 중이죠?
concept=컨셉, 개념 / work

.... Who is working on this concept?

#What is emerging now is a new regime of truth.
emerge [이'멀~쥐]=드러나다, 부상하다 / regime [*레이쥠]=체제, 정권 /
truth=진실

.... 지금 부상하고 있는 것은 진리의 새로운 체제이다.

120

#누가 어렵게 굴고 있어?
difficult
....Who is being difficult?

#이 노래 누가 부르고 있는 거야?

.... Who is singing this song?

상황) 약들이 잔뜩 있습니다. 친구가 오더니, 용도를 묻습니다.
#A: 그건 내 두통용.
> headache [헤드에이크]=두통 <
That is 다음에 껌딱지 뭐가 좋을까요? for my headache.
→ That is for my headache.
#이건 내 혈압약.
> blood pressure [블러드 프*레셔]=혈압 <
→ This is for my blood pressure.
#이건 내 호르몬 약.
→ This is for my hormones.
그러자 듣던 친구가 말합니다.
#B: What's going on here?
뭔가 일이 진행되고 있는데 = go on. 그게 뭐냐고 묻는 거죠.
'여기서 뭔 일이 일어나고 있는 거야?' '내가 모르는 무슨 일이 있어? 너 몸 안 좋아?' 다 통틀어서
할 수 있는 질문. What is going on?
#A: 아무 일도 없어. (일어나고 있는 일 없어.)
→ Nothing is going on!
쉽죠? 카멜레온에 그대로 nothing만 들어가면 되죠?

#B: 사실을 말해!
> truth [트*루*스]는 과학적 사실이 아닌, 진실을 말합니다. <
→ Tell me the truth!
#무슨 일이 벌어지고 있는 건지 사실을 말해!
엑스트라 자리에 WH 1 붙이면 되죠?
→ Tell me what is going on here.

WH 질문과 WH 주어와 WH 1. 다 WH를 사용하지만 서로의 차이를 확실히 기억하세요!

121

6.21

기둥이 늘어날수록 WH 1도 더 다양하게
만들어갈 겁니다.
이번엔 쉬면서 날치 하나 해볼게요.
Thank you very much!
이 말 이제 알죠. 그럼 다음 말은?

Thank you so much!

여기서 so는 연결끈이 아닙니다.
Thank you so much는 '정말 감사합니다'에서 '대단히 감사합니다'
정도로 강도가 올라가는 거예요. 너무~ 대단히~로 강하게 올려줄
때 스포트라이트처럼 필요한 곳 앞에 비춰주면 됩니다.

비춰주세요!

기둥 잘 고르면서 만들어보세요.

상황) 헐크가 말합니다.
#날 화나게 하지 마!
　　　→ Don't make me angry!
#네가 지금 나를 화나게 하
고 있잖아!
　　　→ You are making me angry!
#넌 지금 나를 너무 화나게
하고 있어!
　　　→ You are making me so angry!
#난 너무 화가 나!
　　　→ I am so angry!

느낌과 톤을 기억하세요.
So angry!

#쟤(여)는 일을 열심히 해.
　　　→ She is working hard.
#쟤는 일을 너무 열심히 해.
　　　→ She is working so hard.

'쟤는 일을 너무 열심히 해'(그래서 안 좋아)
톤일 때는 영어로 'She is working too hard',
so가 아닌 too로 바꿔줍니다. 우리말로는 표
현이 같지만 영어는 다르죠? (스텝 05^{02})

일을 열심히 하니까 '마실 거라도 가져다줄
까?' 싶으면 so hard,
'일을 멈추게 해야 하나?' 싶으면 too hard.

#누가 일을 매우 열심히 해?
WH 주어입니다. 기둥 잘 고르세요!
→ Who is working so hard?
→ Who works so hard?
DO 기둥으로 가면 항상 열심히 하는 거예요.

#재(여) 원피스 완전 예쁘다.
dress / pretty

.... Her dress is so pretty.

#이 강아지 좀 봐! 너무 귀엽다!
puppy / cute

.... Look at this puppy! It is so cute!

#네 결정은 엄청 대담해. 엄청 대담해.
decision [디'씨젼]=결정 / bold [볼드]=대담한

.... Your decision is so bold. So bold.

#신랑 너무 행복해 보인다.
groom [그*룸~]=신랑

.... The groom looks so happy.

#너 손가락 완전 길다!
fingers

.... Your fingers are so long!

#우리 애들이 너무 보고 싶어.

.... I miss my kids so much.

#이 교수님 수업은 정말 재미없어.
professor [프*로'*페써]

.... This professor's class is so boring.

#내 인생은 너무 지루해.

.... My life is so boring.

really, very, a lot, so 등 강도를 높이는 다양한 액세서리를 접했는데 이 차이를 다 아는 것은 그리 중요치 않습니다. 우리도 '좋네, 훌륭하네, 굉장하네' 등 다양한 말이 있지만 저 말을 다 쓰지 않고 관찰해보면 사람마다 반복해서 쓰는 단어들이 한두 개로 정해져 있답니다. 영어도 그렇게 하면 됩니다. 저는 excellent!를 잘 쓰는 편이고 영국인 친구 한 명은 brilliant! 캐나다 친구는 awesome!을 잘 씁니다. 여러분도 말할 때 편한 단어들을 고르면 됩니다.

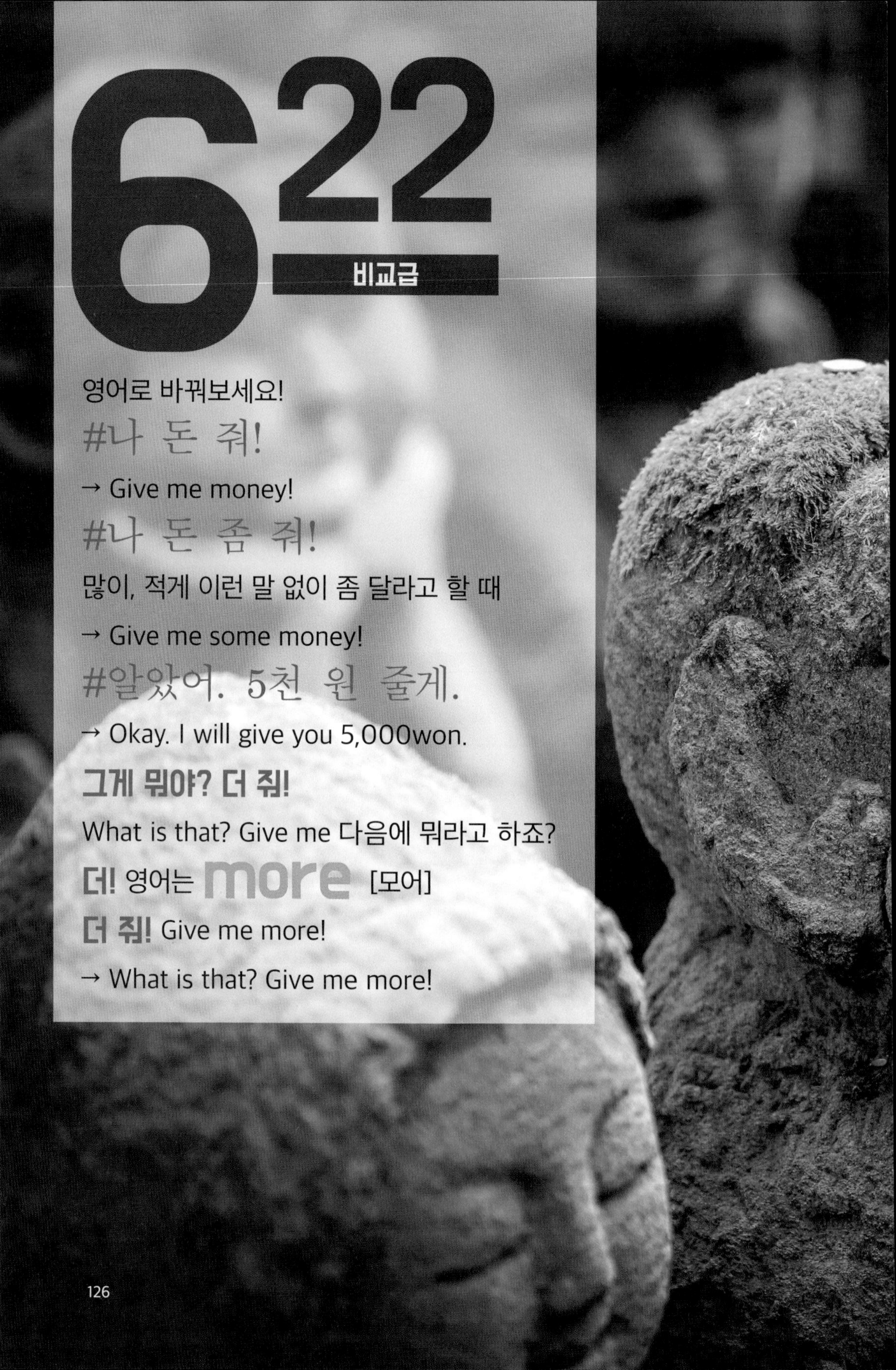

6-22 비교급

영어로 바꿔보세요!

#나 돈 줘!

→ Give me money!

#나 돈 좀 줘!

많이, 적게 이런 말 없이 좀 달라고 할 때

→ Give me some money!

#알았어. 5천 원 줄게.

→ Okay. I will give you 5,000won.

그게 뭐야? 더 줘!

What is that? Give me 다음에 뭐라고 하죠?

더! 영어는 **more** [모어]

더 줘! Give me more!

→ What is that? Give me more!

#더 뭐? → More what?
#더 많은 돈 → More money
#더 많은 시간 → More time

그럼 예문을 만들어보세요.
상황) 아내가 옷을 정리하더니 말합니다.
#나 겨울 코트가 하나야.
하나 있다는 거죠? 있다! have로 가야 합니다.
→ I ( ) have one winter coat.

코트 한 벌 → one coat
코트 한 벌 더 → **one more** coat
#코트 한 벌 더 갖고 싶어.
→ I ( ) want one more coat.
#아니다, 2개 더 있었으면 좋겠어.
말 정정하죠.
→ Actually, I want two more!
뒤에 coats가 오는데 영어는 뻔한 반복을 안 해서 뺍니다. 말한다고 해서 틀린 건 아니에요.

more는 쉽죠?
One more coat!
Two more coats!
10 more coats!
하나 더 해보죠.

#사람들이 영어를 하게 될 거예요.
→ People will speak English.

#더 → more
#사람들 → people
#더 많은 사람들이 영어를 하게 될 거예요.
→ More people will speak English.

복잡하게 생각할 필요 없죠? 연습장에서 해보세요.

연습

#A: 저희가 이 일은 서둘러서 할 수 없네요.
저희가 시간이 더 필요한데요.
rush [*러*쉬]=서두르다

.... We can't rush this work. We need more time.

#B: 저희가 2주 더 드릴 수 있습니다.
weeks

....We can give you two more weeks.

#이쪽에 더 많은 사람이 필요합니다!

....We need more people here.

#더 많은 사람이 도시 밖으로 이사 가고 있습니다.
city / move out

.... More people are moving out from(of) the city.

#우리 사장님(남)은 더 원하시는데, 불가능해.
boss / possible [퍼써블]=가능한

....Our boss wants more, but it's not possible.

#우리는 우리 관계에서 더 솔직함이 필요해.
relationship [*릴'레이션쉽] / honesty [어니스티]

....We need more honesty in our relationship.

#우리 더 많은 이미지 사용할 수 있어?

....Can we use more images?

#열심히 놀아! 열심히 일해! 더 놀아! 더 일해!

.... Play hard! Work hard! Play more! Work more!

128

쉽죠? 다시 만들어보세요.
우리 애들은 한국 음식을 더 좋아해요.
→ Our kids like Korean food more.
한 단계 더 나갑니다.
우리 애들은 피자보다 한국 음식을
더 좋아해요.
비교하는 거죠. **than** [댄]을 사용한 후 말합니다.
→ than pizza
→ Our kids like Korean food more than pizza.

연결끈으로 배운 then과 스펠링이 달라요.
then 연결끈도 복습해보죠.
오늘밤 우리 피자 주문하면 안 돼요?
> '주문하다'는 order <
→ Can't we order pizza tonight?
먼저, 가서 숙제 끝내고, 그러고 나서…
→ First, go and finish your homework, then…
피자!!!
→ Pizza!!!
그래. 그러고 나서 피자!
→ Yes, then pizza!

근데 옆에서 동생이
난 치킨이 피자보다 좋아!
→ I like chicken more than pizza!

이렇게 말해도 되고 더 간단하게 이렇게 말해도 돼요.
I prefer chicken.
prefer [프*리*퍼]는 '선호하다'란 뜻으로, 영어에서는
'더 좋다'보다 '선호하다'의 prefer를 일상에서 잘 씁니다.
'피자보다 선호한다'라고 말하면서 prefer를 쓸 때는 방향
껌딱지를 붙여주면 됩니다. → to pizza
→ I prefer chicken to pizza.

상황) 아내가 또 가방을 사려 합니다.
#A: 가방 또 사는 거야? 너 20개 이상 가지고 있잖아!
→ Are you buying a bag again? You have more than twenty bags!
#B: 어, 그래도 하나 더 필요해!
→ Yeah, but I need one more (bag)!
#A: 왜 가방이 하나 더 필요한데?
→ Why do you need one more bag?
#왜 대답을 안 해?
> '대답하다'는 answer <
→ Why aren't you answering?
#좋아! 그러면 난 컴퓨터 게임 10개 더 살 거야!
→ Fine! Then I will buy 10 more computer games!

그러자 반응을 하네요.
#B: 뭐? 그러지 마! (그렇게 굴지 마.)
그런 상태로 있지 말라는 거죠?
→ What? Don't be like that!
#애처럼 굴지 마!
> child [차일드] <
→ Don't be a child!
#유치하게 굴지 마.
> '성숙한'은 mature [마츄어],
'미숙한, 유치한'은 immature <
→ Don't be immature.
#지금 너 미숙하게 굴고 있거든.
→ You are being immature.
#A: 근데 그게 공평한 거잖아, 아니야?
> fair [*페어] <
→ But that's fair, isn't it?

대화체를 만들 때는 감정을 잘 섞어보세요.
자! than 다음에는 기둥 문장 전체 및 WH 1 등등 다 들어올 수 있답니다. 번역해보죠.
#You deserve more~
넌 받을 만한 자격이 있다 / 더 많이
#~ than what you have.
네가 가지고 있는 것보다
'네가 가지고 있는 것보다 더 많은 것을 받을 자격이 있다'고 말하네요. 영어로 만들어보세요.

#난 내가 가지고 있는 것보다 더 받을 만한 자격이 있어.
→ I deserve more than what I have.

이제 연습장에서 than까지 같이 연습하고 정리할게요.

#A: 이번 해는 작년보다 더 많은 손님을 초대해. (99%)

year / guest [게스트]=손님 / invite [인*바이트]

....This year, we are inviting more guests than last year.

#B: 작년보다 더 많이?! 미쳤어? 이번에는 뭘
계획하고 있는 거야?

insane [인'쎄인]=정신 이상의, 미친 / plan=계획하다

More (guests) than last year?! Are you insane?

....What are you planning this time?

#그분들이 제가 가진 것보다 더 많이 가지고 계세요.

They have more than what I have. /

....They have more than me.

#저희는 이번에는 감당할 수 없습니다. 요구가 너무
높아요.

handle [핸들]=감당하다 / demand [디'만드]=요구

We can't handle it this time.

.... The demand is too high.

#1. 저분(여)은 많이 요청하고 있어요.

ask=요청하다

.... She is asking much.

#2. 저분(여)은 훨씬 더 많이 요구하고 있어요, 자기가
협상할 수 있는 것보다.

bargain [바~겐]=협상하다

She is asking much more than

....she can bargain for.

#재(여)가 저 남자가 들고 있는 것보다 더 많이
들고 있다.

carry [케*리]

She is carrying more than that man. /

....She is carrying more than what that man is carrying.

131

6²³

TAG Q

꼬리표 질문! 방법은 다 같아요. 그럼 바로 만들어보죠.
상황) 조카들이 제 방에서 노는데 소리가 납니다.

#이게 무슨 소리야?
> noise [노이즈]=시끄러운 소리, 소음 <
→ What is this noise?

#저 녀석들(남자애들) 지금 내 침대에서 뛰고 있지, 그렇지?

→ Those boys
... are
... jumping
... on my bed
... right now, aren't they?
→ Those boys are jumping on my bed right now, aren't they?

#남편분이 현재 부동산에서 일하고 계시죠, 그렇죠?
> real estate [*리얼 에스테잇] <
직업이니까 반복하는 DO 기둥으로 질문하면 되지만, 느낌에 당분간만 일을 하는 것 같다면
BE + 잉 기둥으로도 질문할 수 있습니다.
Your husband is working~ 다음에

extra   부동산이면 부동산 중개업을 말하죠? → real estate
부동산을 일하는 게 아니라 그 분야 안에서 일하는 거니까 껌딱지를 붙여서
→ in real estate, isn't he?
        → Your husband is working in real estate, isn't he?

상황) 엄마가 오셔서 또 집안일을 하십니다. 남편한테 물어봅니다.
#엄마 또 다리미질하고 있지, 그렇지?
> '다리미질하다'는 iron [아이언], '철'이란 단어를 do 동사에 넣으면 '다리미질하다'가 된답
니다. <
        → Mom is ironing again, isn't she?

#엄마! 내버려둬요! 내가 할게.
        → Mom! Leave it! I will do it!

결국 BE + 잉 기둥은 BE 기둥과 꼬리표 질문 모양이 같아요. 그럼 연습장에서 만들어보세요.

#너 거짓말하고 있지? (그렇지?)
lie

.... You are lying, aren't you?

#너희 오빠가 내 컴퓨터 고치고 있는 거지, 그렇지?
fix

.... Your brother is fixing my computer, isn't he?

#너 내 말 안 듣고 있지, 그렇지? 왜 내
말을 안 듣고 있는 거야?

You are not listening to me, are you?
.... Why are you not listening to me?

#너 내 파티에 올 거지? (그렇지?)

.... You are coming to my party, aren't you?

#자기 전구 바꾸고 있지, 맞지?
light bulb [벌브]

.... You are changing the light bulb, right?

#너 농담하는 거지? (맞지?)

.... You are joking, right?

BE + 잉 기둥은 당장 일어나고 있는 일을 말합니다. 그런데 그 당장이라는 것이 시간상 잠깐이 아닐 때도 있습니다.

상황) 아이 입양을 진행 중이에요. 서류 준비한 뒤에 연락하고 기다리고, 아직 입양이 된 것은 아니지만 과정은 시작된 거죠.
#나 아기 입양해.
> adopt [어'돕트] <
그럼 무슨 기둥을 쓸까요?

BE + 잉 기둥을 씁니다. DO 기둥으로 말하면 입양이 취미인 양 말하는 게 되니 이상해지겠죠.
한 아이를 입양하는 과정은 복잡하고 길잖아요. 몇 년이 걸릴지도 모르는 과정이지만 이미들어선 거죠. 그래서~
→ I am adopting a baby.

WILL 기둥을 쓰면, 그냥 생각만 그렇다 할 뿐이지 과정이 시작된 느낌은 아닙니다. 안 할 가능성도 있는 거죠. 그럼 연습장에서 질문해보세요.

#A: 너희 언니 아이 입양 중이지? (맞지?)
adopt [어'돕트]

....Your sister is adopting a child, right?

#B: 응. 리스트에 이름 올라가 있어.
지금은 기다리기만 하고 있어.

Yes, her name is on the list.
.... She is just waiting now.

#A: 너 친구(여) 뉴욕에 살고 있지? (맞지?)

....Your friend is living in New York, right?

#B: 아니, 지금은 보스턴에 살고 있어.
그곳에서 박사과정 하고 있어.
PhD [스펠링대로 읽으세요]=박사과정

No, she is living in Boston right now.
....She is doing her PhD there.

#A: 보스턴에 무슨 유명한 대학이 있지?

....What famous university is in Boston?

#B: 하버드대랑 **MIT**가 보스턴에 있어.

.... Harvard University and MIT are in Boston.

#오늘 저녁식사, 네가 양배추 찌는 거지? (그렇지?)
내가 상추 씻고.
cabbage [케비쥐]=양배추 / steam [스팀]=찌다 / lettuce [레튜스]

For tonight's dinner,
you are steaming cabbage, right?
And I am washing lettuce.

S24

TO 다리 2탄

수고하셨습니다! 마지막 스텝!

우리말로는 쉬워 보이는데 그 말을 다시 영어 문장으로 만들려니

의외로 쉽지가 않죠? 영어를 읽기만 하는 것과 직접 말로 만드는 것은

전혀 다른 실력이기 때문입니다. 기둥들은 코스 진행하면서 계속

반복되니 자연스레 탄탄해질 테지만 의식적으로 연습을 더 해야 하는

것이 있다면 행성입니다. 행성을 사용하면 좀 더 어려운 영어를 만드는

데 도움이 많이 된답니다.

그래서 한 번 더 들어갑니다. TO 다리 2탄입니다.

복습해볼까요?

#나 이거 원해!

→ I want this!

난 이것을 팔기를 원합니다. 우리는 이 말 어떻게 하죠?

나 이거 팔고 싶어!

우리말은 굳이 '팔기를 원한다'고 하지 않고 '팔고 싶어'라고 합니다.

I want~

`extra` '이거'라고만 말하면 이걸 갖고 싶다는 느낌이니, '팔다'라는 행동이 들어가야 말이 전달

되겠죠? 그냥 sell을 붙이면 안 되니까 TO 다리 건너서 → to sell this

→ I want to sell this.

다음 것도 해볼까요?

#1. 네 친구한테 말해!

→ Tell your friend!

#2. 네 친구한테 거기에 있으라고 말해!

Tell your friend there~라고 말하면 '거기에서 친구한테 말하라'는 거죠.

친구보고 거기에 '가 있으라'고 말하려면 'Go there'를 써도 되고, 또 잘 쓰는 말이 'Be there'예요.

그냥 be를 붙일 수 없으니 TO 다리 건너서 → to be there

→ Tell your friend to be there!

엑스트라 자리에 이렇게 두비가 붙을 때는 간단히 TO 다리로 건너면 해결되는데,
그럼 스텝 04²⁴ 에서 배운 "Don't make me go!"는 TO 다리가 없는데요?
그래서 그건 '통째로' 익히라고 따로 소개된 겁니다. 그 표현만 다를 뿐이지 나머지는 TO 다리를 붙
이면 되거든요. 왜 다른지는 가늠할 수 있지만 중요치 않으니 지금은 패스.

잠깐! 그렇다고 'make' do 동사에 다 TO 다리가 안 붙는 것은 아니죠!
"웃게 만들어! 행복하게 해줘!" 식에 쓰이는 make일 때 TO 다리가 안 붙는 거지(스텝 04²⁴),
"너 줄려고 이거 만드는 거야" 할 때는 TO 다리가 붙을 수밖에 없는 거죠.
그럼 예문 하나 더 해볼게요.

#우리 이거 안 필요해!
need는 두비에서 do 쪽. want와 같은 식이에요.
→ We don't need this.

우리말은 변형이 많죠. 다음 말을 볼까요?
#저희 이거 구매하지 않아도 됩니다.
> purchase [펄체이스]=구매하다 <
구매할 필요가 없다는 거죠. 이 말도 need가 들어가니 느낌을 기억하세요. We don't need~
    extra   다음에 do 동사 purchase를 바로 이어서 못 붙이니까 TO 다리 건너서
           → to purchase this
→ We don't need to purchase this.
→ We don't need to buy this. 이렇게 해도 되죠?
다음 문장도 만들어보세요.

#배워!
→ Learn!

#생각해!
→ Think!

#다르게 생각해!
> different [디*프렌트]=다른 <
→ Think differently!

#다르게 생각하는 것을 배워!

먼저 배워야 하죠? → Learn
무엇을요? 다르게 생각하는 것을! '생각하다'
는 think니까 TO 다리로 연결해서
→ to think differently
→ Learn to think differently!

Learn to think differently! 번역만 본다면
다르게 생각하는 것을 배워!

여기서 to think differently가
'다르게 생각하는 것', '~것'으로 끝납니다.
그래서 TO 다리를 저렇게 '~것'으로만 기억하
려 하는 분도 계세요.

하지만 여러분은 이제 알죠? 우리말은 변형이
많기 때문에 그렇게 딱 하나의 번역 룰만으로
는 영어와 연결할 수 없다는 점을요.

그럼 Surprise quiz!
다음 문장을 만들어보세요!
#네가 생각하는 것을 적어내.
항상 번역하려 들지 말고! 글을 읽고 그 느낌
을 떠올린 후에 메시지를 전달하세요!
명령 기둥이죠? '적어내다'는 write [*롸이트]
도 되고, write down 하면 기록하기 위해 일
부러 적는 느낌입니다.
Write down~ 뭘 적으래요?
네가 생각하는 것! 뭔지 모르죠? 그러니
WH 1으로 가면 되겠죠. → what you think
네가 당장 생각 중인 것은?
→ what you are thinking

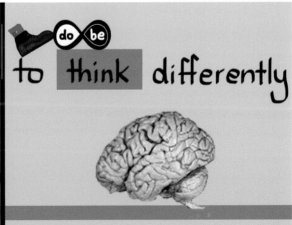

똑같이 '생각하는 것'이어서 TO 다리로 가려 했던 분들!
조심! 우리말로는 똑같아 보일지 몰라도 전혀 다른 느낌입니다.
Write to think! 이러면 무슨 뜻이죠?
쓰는데, think! 생각하려고 쓰는 거죠? 생각을 하려는데 잘 안 되니 써서 생각하라는 겁니다.

to think라고 하면 '생각하는 것'으로 번역될 수 있지만 이미지로는 TO 다리를 떠올리면서 미래에 '생각하는 행동'이 보여야 합니다. 그리고 거기에 맞게 우리말로 번역이 되어야 합니다. 그래서 문장마다 우리말로는 다른 번역이 생길 수 있는 것이죠. 여러분은 한국말을 잘하니 TO 다리의 느낌을 기억하면 번역은 알아서 될 겁니다.

What you think는 '생각하는 것'으로 번역될 수 있지만 여기서는 '생각하는 행동'이 떠오르는 것이 아니라, '생각해서 나온 내용'이 떠올라야 하는 것이죠.
#넌 어떻게 생각해?
(영어로는 "넌 무슨 생각 해?": 스텝 06[17])
→ What do you think?
#네가 생각하는 것. (내용)
→ What you think.

우리말은 똑같아도 TO 다리와 WH 1은 전혀 다르죠?
이래서 감! 감이 중요해요! 그럼 바로 응용해 볼까요?
#네가 생각하는 것은 내가 알 필요가 없어!
누가 알 필요가 없대요? 내가 → I don't 필요가 없는데 알 필요가 없다죠. **'알다'**는 know, 그냥 못 붙이니 TO 다리로 연결
→ to know
뭘 알 필요가 없어요? **네가 생각하는 것!**
뭔지 모르니 WH 1으로 가면 되죠?
→ what you think
→ I don't need to know what you think!

엮었네요! Planets 2개 엮었죠?

TO 다리와 WH 1에 이어 3개까지 엮어볼까요?
#넌 어떻게 다르게 생각해?
→ How do you think differently?
스텝 05[25]에서 접한 ly죠?

#네가 어떻게 다르게 생각하는지 우리한테 말해줄 필요 없어!
→ You don't need to tell us how you think differently.
differently에서 ly는 "Think differently!"처럼 think를 어떻게 하라고 할 때 붙인 거예요.

잠깐! 그러면 애플사의 유명한 광고.
Think different!는 맞는 말일까요?
원어민 언어학자들 사이에도 말이 많았습니다. 광고는 일부러 문법을 다르게 쓰는 경우가 있어요. 맥도널드 광고에도 문법이 틀리게 사용되었죠? 그럼 연습장 가볼게요.

140

#우리 종이 더 주문해야 해요.

Hint: 필요해서.

paper / order

....We need to order more paper.

#A: 너 어디야? 나 너 어디 있는지 알고 있어. 거짓말
하지마!

lie

Where are you? I know where you are.

....Don't lie to me!

#B: 내가 어디 있는지 알고 싶어?

....Do you want to know where I am?

#색깔들 제대로 사용하는 거 기억해.

Hint: 색깔들을 사용해! Use the colours!

properly [프*로펄리] / remember

.... Remember to use colours properly.

#너 왜 터프한 척하냐?

그런 척하다=pretend [프*리텐드] / tough [터*프]

....Why are you pretending to be tough?

#왜 저랑 얘기하고 싶은데요?

....Why do you want to talk to me?

#이거에 대해 왜 생각하기 싫은데?

Hint: 하기 싫다, 하고 싶지 않다, 똑같은 뜻.

....Why don't you want to think about this?

#걔(남)한테 다시 전화하라고 해.

Tell him to call back. /

....Tell him to call again.

141

이것으로 6번 기둥을 끝마치셨습니다!
수고하셨습니다!
스텝이 진행될수록 지금까지 접했던 영어를 또 다른 시각으로 바라보는 것에 익숙해지고 있죠?

영어는 도구일 뿐이잖아요. 얼른 배워서 써먹어야지, 언어 자체를 어렵게 만들어야 할 타당한 이유가 전혀 없습니다.
무조건 가장 쉬운 방법으로 터득해서 얼른 각자 필요한 데 써먹기 시작해야죠.

언어 구조를 스스로 말하기 시작하면 고급 단어는 수십 배는 더 빠르게 자신의 것으로 만들 수 있답니다! 이렇게 잠깐 구조에 시간을 투자하고 난 후 더 많은 영단어를 자신의 것으로 사용하며 영어를 늘려나가는 것이죠. 단어 뜻만 외우면 벼락치기 점수만 얻고 끝일 뿐 영어로 얻는 것은 없습니다.

배운 기둥이 반복 연습되듯 Planets도 복습될 것입니다.
갈수록 여러분의 영어는 탄탄해질 거예요.
이제 7번 트랙은 어렸을 때를 떠올리는 기둥! 기둥 자체는 매우 쉬우니 다른 레벨들이 좀 더 올라갈 겁니다! 재미있을 거예요!

07

7 01

BE 동사 과거시제

WAS / WERE

환영합니다.
이번 트랙은
어릴 적을
회상하는
자리입니다.

워낙 쉬운 기둥이어서 이 트랙에서는 다양하게 영어의 크고 작은 것들을 많이 접할 겁니다.
다음 문장을 영어로 만들어보세요.

#저는 한국인이며, 긍정적인 사람입니다.
> '긍정적인 사람'은 optimistic person [옵티'미스틱 펄슨] <
무슨 기둥이죠? 둘 다 지금 상태를 표현하니까 BE 기둥으로 간단히 말해요!
→ I am Korean and I am an optimistic person.

#저는 성인입니다. 영어로?
> adult [아덜트 / 어'덜트] <
→ I am an adult.
어렵지 않죠? 이번에는 지금 상태가 아닌
이전의 상태를 말할 때 꺼내 쓰는 기둥!
BE 기둥의 과거!
바로 **WAS** [워즈] 기둥입니다.

"전 아기였었죠."

타임라인에서, 과거 이야기를 하는 거죠.
BE 기둥 AM에서 WAS로 단어만 바꿔치기해
주면 해결!
현재는 "I am an adult", 과거에는
전 아기였었죠. → I was a baby.

간단하죠? 그럼 직접 만들어보세요.

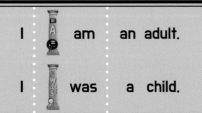

#난 거만했었어.
> '거만한'은 arrogant [아*로건트] <
지금 '거만하다'는 게 아니라 전에 그랬다는
거죠.
→ I was arrogant.
I am arrogant. 지금 거만한 상태고,
I was arrogant. 전에는 거만했지만 지금 얘
기를 하는 건 아니에요.

자! 그럼 BE 기둥은 원래 am, are, is로 표현
했는데, 이번 BE 기둥의 과거는 어떤 모습일
까요?
간단해요! 다 was고, are만 was가 아닌
were [*월]로 바뀝니다. 알~이 월~로 바
뀌는 거죠. 기둥에 다 그려져 있죠?

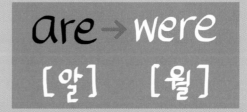

당연히 뜻은 바뀌는 게 없으니까, 말할 때 신
경만 써주면 됩니다. 만들어볼까요?

#저분들 지금은 조용한데, 아까는 정말 시끄러웠어.

> quiet / loud [라우드]=시끄러운 <

연결끈으로 묶어보세요.

They are quiet now, but they were really loud~ 다음에

   extra   '아까'라는 단어는 before 사용하면 간단하죠?

→ They are quiet now, but they were really loud before.

#You were on my mind!

네가 있었어 / 어디 붙어서요? 내 마음에.

의역은 어떻게 하면 될까요?

"너 생각나더라."

웃기죠? 우리말로 감정 실어 먼저 말한 후 그 느낌 그대로 다시 영어로 말하세요.

You were on my mind.

영어는 doctor와 surgeon [썰전]을 분류하는 것처럼 치과의사와 치아교정전문의를 각각 다르게 부릅니다.

'**치과의사**'는 영어로 dentist,

'**치아교정전문의**'는 orthodontist [올*소돈티스트]예요.

그럼 다음 문장을 만들면서 접해보세요.

#Helen의 약혼자는 치아교정전문의였는데, 지금은 콘서트 피아니스트야.

> fiancé [*피앙세] / concert pianist <

→ Helen's fiancé was an orthodontist, but now he is a concert pianist.

#아마추어 아니더라고.

> 영국은 [아마쳐], 미국은 [아마터] <

   → He was not an amateur.

더 강하게 말하고 싶으면 not a ship에서 no ship처럼

   → He was no amateur.

WAS 기둥 자체는 굉장히 쉽죠? 그럼 연습장 들어가서 직접 만들어본 후 스스로 더 연습해보세요.

#저분들 아들 전에 뚱뚱했었는데.
son / fat

....Their son was fat before.

#제 아버님은 경찰관이셨습니다.
police officer

.... My father was a police officer.

#내가 틀렸었어. 미안해. 네 말이 맞았었어.
wrong / right

.... I was wrong. I'm sorry. You were right.

#Mike랑 Dave는 자기네들 집에 혼자 있었어요.
alone [얼'론]

.... Mike and Dave were alone in their house.

#내 성적(들)은 괜찮았었어.
grade [그*레이드]=성적 / okay

.... My grades were okay.

#제 남편이 어제 매우 아팠습니다.
husband / yesterday / sick

.... My husband was very sick yesterday.

#나 일에 또 늦었었어.
late

.... I was late for work again.

#저 여성분이 우리 증인이었어요.
lady / witness [윗트너스]=증인

.... That lady was our witness.

동명사

동명사 ing

쉽지만 큰 행성 하나 들어갑니다.
TO 다리도 아직 감이 안 잡혔는데 큰
행성을 또 들어간다니 걱정되시나요?
걱정 마세요. 이 둘은 비교하면 서로 더
탄탄해질 수 있거든요. 편하게 시작하세요!

먼저 아래 쉬운 문장부터 영어로 빨리 말해보
세요.

#A: 이거 팔아!
→ Sell this!

#B: 어려울 거예요!

뭐가 어려울 거라는 거죠? 파는 것
이 어려울 거라는데 영어는 카멜레
온(=주어)이 필요하니까 이럴 땐
뭘 써주면 될까요? It!

기둥은요? 아직 안 팔았으니까
미래 기둥 써서 → will be hard
→ It will be hard. / It'll be hard.

자! **'파는 것'**, 이게 어렵다고 하죠?
자신이 뭔가를 팔고 있는 이미지를 머릿속에
그려보세요. '판매'라는 단어는 전문적으로 파
는 행위이지만 사고파는 행동은 누구나 하는
거죠? 초등학생이 수집한 카드를 친구한테 팔
수도 있고요. 이렇게 파는 행동에 명칭을 붙인
것이 '파는 것'이죠.

파는 거 어려울걸.

'파는 것'을 영어로는요?

'팔다'는 sell이니까 sell 뒤에 [잉]을 붙여주면 끝입니다! 이게 다예요! [잉]의 스펠링은 ing.

selling = 파는 것

이러면 두비가 자동으로 '명사'가 된답니다.

문법 용어는 영어에 확신이 들기 전까지는 피하라 했지만 뻔하기도 하고 알면 도움이 되니까 짚고 넘어갈게요.

sell은 '팔다'라는 뜻으로 do 동사예요.

그 뒤에 [잉]을 붙이면 selling.

이렇게 동사를 명사로 변화시킨다고 해서

이 [잉] 구조를 '동명사'라고 부른답니다.

이 문법 용어는 좀 뻔하죠?

팔아!	팔기 파는것
sell!	selling

그럼 다시 예문을 만들어볼게요.

#이거 팔아!
> → Sell this!

#이거 파는 것은 어려울 거야.

 '이거 파는 것'이니 selling 다음에 나머지를 말하면 됩니다.

Selling this. 이게 다 카멜레온이 되는 거죠.

그리고 나머지는 구조대로 가면 됩니다. → will be hard

→ Selling this will be hard.

6번 기둥에서 배운 [잉]은 항상 BE + 잉이라 기둥이 보여서 헷갈리지 않는답니다.

Selling this will be hard.

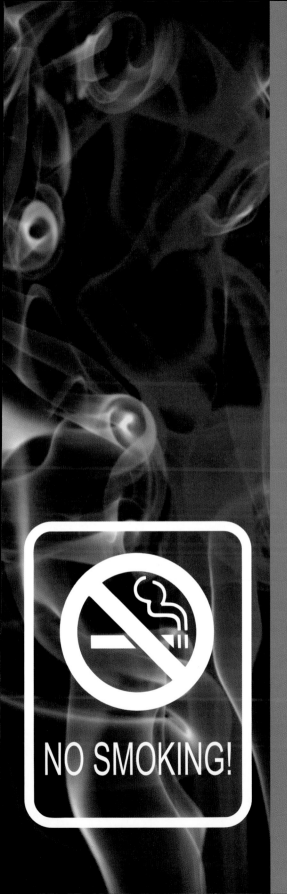

#여기서 흡연하지 말아주세요.

→ Do not smoke here!

'담배 피우다'도 smoke
'흡연하다'도 smoke
그럼 #흡연은 영어로?
smoke 뒤에 [잉] 붙이면 끝! smoking!

#'담배 피우는 것!'

이 말을 영어로 하면요?
마찬가지로 'smoking!'이 됩니다. 별것 없죠?
우리 말할 때 꼭 "'흡연'이 나빠요"라고 하지
않죠?
다음 문장을 만들어보세요!

#담배 피우는 것 나빠요!

뭐가 나빠요? 담배 피우는 거죠?
→ Smoking
= is bad! 간단하죠?
→ Smoking is bad.

#담배 피우는 것 여러분 건강에 나빠요!

Smoking = is bad.

extra 엑스트라 health를 그냥 붙이면
흡연이 건강이라고
하는 것이니 무슨 껌딱지가 좋을
까요? → for your health

→ Smoking is bad for your health!

#그거 알죠, 그렇죠?

→ You know that, right?

이런 사인 본 적 있죠?
No smoking.
이제 이 구조 보이나요?
'No ship'처럼 'No smoking'(스텝 05[10])도 똑
같은 구조예요. 담배 피우는 것, 그 행위 자체
가 없어야 한다는 사인인 거죠.

명사는 단순히 물건만 말하는 것이 아닙니다. 이 세상 모든 것에 명칭을 붙일 수 있으니 행동하고 있는 것 자체에도 다 붙일 수 있어요.

#숨 쉬어!　　　　　　　　→ breathe [브*리*드]!
#숨 쉬는 것!　　　　　　　→ breathing인 겁니다.
'호흡'이란 단어는 breath [브*레*스]로 스펠링과 발음이 다릅니다.

[잉]은 당연히 두비에서 do 쪽만 되는 게 아니죠? 또 만들어볼게요.
#건강해져라!
　　　　　　　　　　　　→ Be healthy!
#'건강하다는 것'은 영어로 어떻게 만들 것 같아요?
두비는 똑같이 대해주면 됩니다. be를 무시하지 마세요!
be healthy에 [잉]을 붙이면 돼요.
어디에요?
→ being healthy.
당연히 두비에서 be 동사에 붙여야죠!
healthy는 동사가 아닙니다.
문법 용어가 곧잘 나오고 있죠? 이 정도는
알아두면 도움이 되니 자꾸 익숙해지세요.
다음 문장을 만들어보세요.

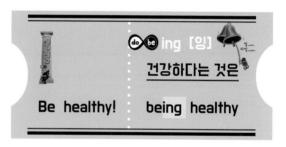

#건강해!
　　　　　　　　→ Be healthy!
#건강하게 있는 것은 중요합니다.
　　　　　　　　→ Being healthy is important!

#행복하게 지내는 것은 중요합니다.

→ Being happy is important.

그런데 다르게도 말할 수 있잖아요.

#행복은 중요합니다.

'**행복**'은 영어로? happy 꼬리에 ness [너스] 붙여서 happiness.

→ Happiness is important.

이 둘의 차이는 뭘까요? 우리말의 차이와 비슷합니다.
행복, happiness는 추상적으로 그려지는 데 비해, 행복하게 지내는 것, being happy라 하면 그렇게 지내는 모습이 그려지죠? 그것이 바로 [잉]입니다. 뭔가 진행되는 이미지가 그려지는 거죠!
이러니 BE + 잉 기둥에서 재활용하는 이유가 보이죠?

종을 치면 웅~ 혹은 딩~ 이렇게 계속 울리잖아요.
BE + 잉 기둥은 그러고 있는 중이어서 큰 종 그림이 그려져 있고 동명사는 명사니까 가벼운 종으로 그렸으니 2개의 [잉]이 헷갈릴 때는 이미지로 떠올리세요.

또 만들어볼게요.

#행복은 선택이다.

> '선택'은 choice [초이스] <

→ Happiness is a choice.

#행복하게 지내는 것은 선택이다.

→ Being happy is a choice.

우리말로는 당연히 변형이 많겠죠?
'행복하게 있는 상태, 행복하다는 것, 행복하게 지내는 것' 등이 다 being happy가 될 수 있는 겁니다.
그럼 하나만 더 끄집어내 볼까요?

#공부해!
→ Study!
#공부하는 것은 어려워.

뭐가 어렵대요? **공부하는 것.**
공부하는 것 자체를 말하니 study
에 [잉]을 붙이면 → studying
→ is hard
→ Studying is hard.

상황) 친구가 매일 뭘 공부하는 건지 궁금해
요. 물어보죠.
#네가 매일 공부하는 것 좀
보여줘 봐!
'**보여줘 봐!**'는 명령 기둥이죠?
Show me. 영어는 me까지 잘 넣습니다.

extra   뭘 보여줘요? '네가 매일 공부하는
것.' 그것이 뭔지 궁금한 거죠. 뭔
지 모르니까 WH 1으로 가면 돼요.
헷갈릴 수 있으니 문장을 쌓아서 해보죠.

#1. 너 매일 뭐 공부해?
→ What do you study every day?
#2. 네가 매일 공부하는 것.
→ What you ( ) study every day.
#3. 네가 매일 공부하는 것
좀 보여줘 봐!
→ Show me what you ( ) study every day!
좀 더 줄여서,
#4. 네가 공부하는 것 좀 보
여줘 봐!
→ Show me what you ( ) study!

보세요! 우리말은
'공부하는 **것**이 어려워'도 '것'이고
'네가 공부하는 **것** 보여줘'도 '것'이죠?

이건 각기 다른 것들을 우리말에서 다 하나로
재활용을 해버린 겁니다. 하지만 영어는 서로
이미지가 다르니 분류해서 말하는 거죠.

#내가 공부하는 것을 네가
왜 보고 싶어 하는데?
왜 '**보고 싶으냐**'는 거죠?
'보고 싶다, 하고 싶다!' 영어로 뭐라고 하죠?
'**하고 싶어!**', 'I want to do it!'으로 했죠?
똑같은 구조로!
→ Why do you want to see~ what I am
studying?

다음 문장을 만들어보세요.
#배워!
→ Learn!
#공부하는 것 좀 배워!
learn은 그렇게 하는 행동 쪽으로 가기 위해
배우는 거죠? TO 다리 건너서! → to study
→ Learn to study!

학습 태도가 안 잡혀서 공부하는 것 자체를 습관이 되게끔 배워야 하는 학생들이 있죠?
'배워 → 공부하려고'란 느낌. 그래서 TO 다리를 잘 씁니다. 보세요! 여기서 역시 '공부하는 것 좀 배
워!' 해서 '것'으로 갔는데 '잉'도 아니고 'WH 1'도 아니고 'TO 다리'잖아요.

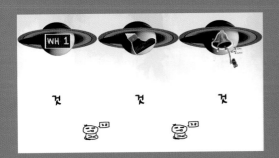 

행성 3개 모두 우리말로는 다 '것'으로 될 수 있다는 것. 그리고 이 상황이 자주 생길 수 있다는 것,
잊지 마세요!
공부 초반에 외국어로 말하려면 먼저 머릿속으로 우리말을 생각한 후 다시 영어로 바꾸잖아요. 그래
서 단어만 외우면 우리말에서 '것'으로 끝나는 순간 영어로 무엇을 선택해야 할지 헷갈릴 수 있죠.

하지만 영어를 영어로만 보면 좀 더 간단해집니다. 영어에서 왜 저 3개가 분류되었는지 그 차이를
감으로 익혀서 알면 되는 거죠.
이미 WH 1은 해봤고 TO 다리와 [잉] 스텝 역시 진행되면서 계속 반복될 것이기 때문에 예문을 만
들다 보면 점점 더 감이 잡힐 겁니다. 그럼 지금은 [잉]을 좀 더 탄탄히 해보죠.

#영어 해!
명령 기둥이니까 → Speak English!
#영어로 말하는 것.
행동 자체에 명칭을 붙인 거죠.
speak에 [잉]만 붙이면 해결! Speaking 하고 나머지는 그대로!
→ Speaking English.

영어 공부할 때 스피킹, 리스닝. 리딩 등 이런 말 자주 하죠? 다 두비에서 do 동사인 speak, listen, read 뒤에 [잉]을 붙여서 '명사'로 만들었던 거예요.
바로 다음 문장을 만들어볼까요?
#영어로 말하는 것은 그렇게 어렵지 않아!
> '그렇게'는 that <
→ Speaking English is not that hard!

#전 영어로 말하는 것은 잘 못해요.
I am good 쪽으로 말하면 되죠? (스텝 04[22])
못한다니 반대로 I am not good, 껌딱지 붙여서 갔었죠?

extra → at speaking English
껌딱지는 항상 명사에 붙으니 동명사인 [잉]에도 물론 붙을 수 있습니다.
'동명사'도 그냥 명사로 보면 되는 거죠.
'I am not good at sports'와 똑같은 구조입니다.
→ I am not good at speaking English.
그냥 can not으로 말하면 아예 못 한다고 하는 거니까 메시지가 다르죠?

영어 공부할 때 듣던 '리스닝, 스피킹'이 결국은 '듣기, 말하기'입니다. 이제 쭉쭉 만들어보세요.

#글 쓰는 것은 쉽지가 않아.
→ Writing is not easy.
#글쓰기는 쉽지가 않아.
→ Writing is not easy.
#집필은 쉽지가 않아.
→ Writing is not easy.

영어로는 간단해요! 좀 더 해보죠.

#감사합니다.
>   → Thank you.
#이거 감사합니다.
Thank you 하고 뭔가에 대해 감사한다는 표현이니 껌딱지 붙여 줬죠? → for this!
>   → Thank you for this!
#와주셔서 감사합니다.
Thank you 하고 나서요?

extra   for~ 와준 것에 대해 고맙다고 하는 거니까 for 하고 '오다'는 come이니 coming!
그 행동에 고마워하는 거죠. 껌딱지 뒤에 그냥 두비 못 들어옵니다. 껌딱지는 작아서 무거운 애들은
못 붙여요. 그러니 동사에 [잉] 붙여서 명사 같은 동명사로 만들면 되는 거죠.
→ Thank you for coming!

마지막으로 하나 더 해볼게요!
상황) 친구가 모르는 사람에게 계속 윙크를 합니다.
#너 왜 재(여)한테 윙크하냐?
Why are you winking 포인트 껌딱지 at her? 왜 at이 들어가는지 보이죠?
>   → Why are you winking at her?
#그만해!
>   → Stop it!
#윙크하는 거 멈추라고!
>   → Stop winking!
#저 여자애한테 윙크하는 거 멈추라고!
>   → Stop winking at that girl!
자! 이 말을 만약 TO 다리로 바꾼다고 해보죠.
#Stop to wink at that girl!
이러면 윙크하려고 다른 뭔가를 멈춘다는 뜻이 됩니다.
저 여자애한테 윙크해야 하니, 지금 일 멈춰라!
이런 식인 거죠. 전혀 다른 메시지죠?

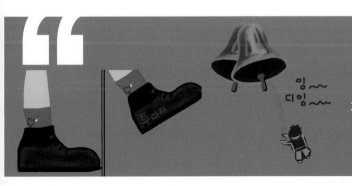

이것이 TO 다리와 [잉]의 가장 큰
차이점입니다. TO 다리는 그다음을
간다는 느낌이 있고 [잉]은 그것
자체를 말하는 것이죠. 감이 오나요?
그럼 연습장에서 [잉]을
더 탄탄히 만들어보세요.

do be extra

#무례하게 군 것에 대해 사과드립니다.

Hint: 무례하게 굴지 마! Don't be rude!

apologise [어'폴로*자이즈]=사과하다

I am sorry for being rude. /
.... I apologize for being rude.

#인내심 있게 기다려주셔서 감사합니다.

patient [페이션트]=인내심 / wait

....Thank you for waiting patiently.

#축구를 보는 건 좋아하는데요, 하는 건
좋아하지 않아요.

I like watching football but
.... I don't like playing it.

#우리 형 또 늦네! 늦는 것을 즐기는 건가?

Hint: I enjoy playing. 대신 조심! 두비 잘 고르세요!

late

My brother is late again!
.... Does he enjoy being late?

#너와 있는 건 정말 (기분이) 좋아!

Tip: 기분이 '좋다' 할 때는 good보다 nice를 잘 씁니다.

Being with you is really nice. /
.... I really like being with you.

#아이를 갖는 것은 여러분의 인생을 완전히
변화시킬 거예요.

Hint: 아이를 가져! Have a baby!

life / completely=완전히 / change

Having a baby will change
.... your life completely.

좀 더 하고 정리하죠. 이미지로 상상해보세요.

#보는 것이 믿는 것이다.

'보고 있는 것'이 그려지나요? seeing이 무엇과 같다고 하죠? **믿는 것!**

'믿다'는 believe! 믿고 있는 행위를 이미지로 보세요!

→ Seeing is believing. 유명한 속담이죠?

보는 것   =   믿는 것

Seeing is believing.

#넌 봐야 돼! (그럴 필요가 있어!)

→ You need to see it!

#믿기 위해서는 봐야 돼!

자! TO 다리가 느껴지나요? 그렇게 앞으로 가기 위해서는 먼저 봐야 한다!

→ You need to see it to believe it!

배경으로 깔 수도 있습니다.

→ To believe it, you need to see it!

할수록 감이 잡힐 것입니다. 우리말로 번역이 아닌 이미지로 상상을 하셔야 합니다. 그런 후 believe든 see든 각자 필요한 대로 [잉]이건 TO 다리건 여러분이 가져다 붙여 쓰면 됩니다.

영어로 만들어보세요.

#그만하고 쉬어!

> rest <

→ Stop and rest!

#너 도와주기 위해 멈출 수 없어!

→ We can't stop to help you!

#저 사람들 이제 쉬고 있네!

→ Those people are resting now!

이미지 그려지죠. 쉬고 있는 상태인 거예요.

#그만 쉬어!

쉬고 있는 자체를 그만하라는 거죠. 이미지 똑같죠?

→ Stop resting!

'잉' 계속 감이 오나요? 그럼 다음 것을 해보죠.

#도박하지 마!
> '도박하다'는 gamble [갬블] <
명령 기둥이죠! 항상 두비와 기둥 확인하세요! → Do not gamble!

#포기해!   → Give up!
#도박 포기해!   → Give up gambling!

연습할 때는 이렇게 생각하면서 감을 키우고 실전에서 말할 때는 작은 것에 연연하지 말고 그냥 지르세요! 앞뒤 상황이 있기 때문에 상대가 바보가 아닌 이상 다 알아듣습니다. 틀린 영어로 당당하게 말하는 사람들 정말 많습니다. 외국어이기 때문에 당연히 틀릴 수 있는 것이거든요.

#이걸 상상할 수가 없어.
→ I can't imagine this.

#내년에 여기 있는 것을 상상할 수 없어!
상상할 수 없다죠? 무슨 기둥이죠? CAN 기둥!
I can't imagine 다음에 뭘요?

> **extra**   **내년에 여기 있는 것.**
> 그 자체를 말하는 것이죠?

모르면 기초 문장인 명령 기둥으로 만들어보세요.

#내년에 여기 있어!
Be here next year!
그럼 답 나와야죠? Being here next year!
→ I can't imagine being here next year!

#너와 시간 보내는 것이 그립다!
'그리워하다'는 DO 기둥으로 말했죠? I miss~ 뭘 그리워해요?

> **extra**   **너랑 시간 보내는 것!** 그 자체가 그리운 거죠.
> spending time 다음에 껌딱지! 너와 같이 보내는 거죠. with you!

→ I miss spending time with you!

위의 말을 TO 다리로 하면 전혀 다른 말이 돼요. 확신이 안 생기면 [잉] 대신 TO 다리를 넣거나 그 반대로 바꿔서 영어로 연결된 이미지를 상상해보세요. 그럼 대부분 답이 나옵니다. 언어를 쉽게 생각하세요! 가끔씩은 둘 다 되는 경우도 있어요. 그러면 그때는 둘 다 맞는다고 보면 됩니다. 코스가 진행될수록 설명이 계속 추가되면서 더 감을 잡게 될 거예요.

7 03

소유대명사

mine & ours

164

아주 쉬운 스텝이니 수다 좀 떨고 들어가죠. 다음 문장을 만들어보세요!

#현명해져라!
> '현명한'은 wise [와이즈] <
→ Be wise!

#네가 보통은 현명한데, 오늘은 멍청하게 구네.
> stupid <
→ You are usually wise, but today you are being stupid.
두 번째 문장은 BE + 잉 기둥으로 만든 거죠?

'현명하다'는 말을 우리는 '지혜롭다'고도 하죠.
#지혜는 영어로?   → wisdom [위스덤]

우리말이 중국어와 밀접하듯 영어는 라틴어와 밀접합니다. 대신 라틴어는 '고대 언어'여서 지금은 인용될 뿐 대화에 사용되지는 않습니다. Latin America의 '라틴'이 아닙니다.

라틴어는 고대 로마에서 사용된 말이에요.
고대 로마 전에는 누가 힘이 셌죠? 그리스죠.
그래서 '그리스-로마 신화'라고 붙여 잘 말하죠? 신화에서도 보면 같은 신들이 그리스 이름, 로마 이름을 각각 가지고 있습니다.

신화 속 신들은 커다란 족보 안에 드라마를 보듯 연결되어 있어서 재미를 줍니다.
그중 여러분이 많이 아는 신이 있다면, '사랑의' 비너스!
로마 신화 속 사랑의 여신 베누스의 영어 이름인 비너스.

#비너스는 사랑의 여신이다.
> '여신'은 goddess [가디스] <
→ Venus is the goddess of love.

태양계의 #금성 역시 Venus!

다양한 명칭에 라틴어가 들어가 있죠?
그럼 '지혜'라는 뜻의 단어 wisdom은 라틴어
로 뭘까요?

sophia [소*피아]라고 합니다.
모든 학문의 기초라는 학문,
'철학'은 영어로 philosophy [*필'로소*피]죠.
보면 뒤에 sophy가 붙어 있죠?
'지혜'라는 뜻의 sophia에서 온 거랍니다.
그럼 앞에 philo는 무슨 뜻일까요?
'사랑한다'는 뜻입니다.
지혜를 사랑하는 학문인 거죠. 왜 철학에 그런
이름을 붙였는지 보이죠?

Sophia는 지금도 여자 이름으로 많이 쓰입니다.
줄여서 Sophie [소*피]라고도 잘 불러요.

40개국의 베스트셀러였던, 고대철학을 쉽게
다룬 책. 《소피의 세계》
이 책의 제목을 영어로 바꿔보세요.
Sophie's [소피즈~] World

그건 개(여) 세상이었어.
지금도 그 애의 세상이라고 말하는 거 아니죠.
→ That was her world.

하나 더 볼게요.

그건 그 애(여) 거야.
'그녀의 것! 걔 거!'라고 할 때
her world를 줄여서 her 뒤에 똑같이 [즈] 소
리를 붙입니다.
→ That was **hers.**

Sophie's   world
[즈]

Hers
[즈]

Sophie's world = hers
[소피즈]   [헐즈]
간단하죠? 영어가 툭하면 뒤에다 s를 붙여서
때우려는 것 같죠? 그런데 다 다르게 만들면
오히려 외울 것만 많아지잖아요. 좋게 봅시다.
또 만들어보세요.

세상은 그녀의 것이었다.
    → The world was hers.
그럼 계속 연결하죠. 네 거, 우리 거. 다 [즈]를
붙이면 된답니다!

#저거 네 자전거다.
→ That is your bicycle.
#저거 네 거야!
→ That is yours.

#우리는 새로운 곳으로 이사 갈 거야!
> '곳'은 place [플레이스] / move <
→ We will move to a new place.

#저 집이 우리 건가요?
'우리 집'은 our house.
'우리 거'는 our 뒤에 [즈] 붙여서 **ours**.
→ Is that house ours?

#쟤네 장난감 → their toy
#쟤네 거　　　 → **theirs** [데어즈]
#그거 건드리지 마! 쟤네들 거야.
→ Don't touch that! It is theirs.
연습장에서 지금 배운 것들에 익숙해지세요.

#옷장 속에 있는 코트는 그녀의 것이었어요.
closet [클로젯]=옷장 / coat

....The coat in the closet was hers.

#나 펜이 없네. 네 것 좀 빌려도 될까?
pen / borrow

....I don't have a pen. Can I borrow yours?

#회사 우리 거였어.
company

....The company was ours.

#이거 네 거였잖아!

....This was yours!

#저 땅이 쟤(여) 거였어.
land

....That land was hers.

계속 진행합니다. 영어로 만들어보세요.
상황) 아들이 집에만 있습니다.

#A: 너 축구하는 거 좋아하지 않아?

Don't you like~
'축구하는 것'은 playing football.
→ Don't you like playing football?

#B: 네, 축구하는 거 좋아하죠. 근데 축구공이 없어요.

→ Yes, I like playing football, but I don't have a football.

#A: 네 동생 거 사용해.

→ Use your brother's.

걔 거는 장난감 공이에요!
'그 애의 공'은 his ball.
'걔 거'는 his 하고 [즈]를 붙이려는데 말이 이미 [즈]로 끝나죠? 그래서 그냥 his로 끝냅니다. 단순하죠? 영어로 만들어보세요.

→ His is a toy ball!

유명한 애니메이션 영화 **〈니모를 찾아서〉**를 영어로 하면?

〈Finding Nemo〉랍니다.
find에 [잉]을 붙인 거죠. do 동사를 명사로 바꾼 [잉].

그 영화에서 갈매기들이 물고기를 볼 때마다 우는 장면이 나옵니다. "마인! 마인! 마인!"
이게 바로 "내 거야! 내 거야! 내 거야!"라고 말하는 겁니다.
스펠링은, Mine! Mine! Mine!
유일하게 **'내 것!'**만 뒤에 [즈]가 안 붙어요. 내 것이니 특별하다고 분류해준 거죠. 적용해볼게요.

#재(여)가 네 점심 먹고 있다!
→ She is eating your lunch!
#내 거 먹지 마!
→ Do not eat mine!

WH 1에 넣어볼까요?
#What's mine is yours.
바로 안 나오면 분해한 후에 다시 보세요.

#1. 내 건 뭐야?
→ What is mine?
#2. 내 건 네 거야.
→ What is mine is yours.
그냥 "Mine is yours"라고 해도 되는데 그러
면 'mine'이 하나로 정해져 있는 느낌입니다.
하지만 'What is mine' 하면 내 것을 넓게 잡
아주는 느낌이 있는 거죠. 다시 만들어보세요.

#네 게 뭐야?
→ What is yours?
#네 게 내 거야.
마찬가지로 그냥 "Yours is mine"이라고 해도
되는데, 정확하게
→ What is yours is mine.

네 거 뭐야?
What is yours?

네 것 (뭐든 간에)　　　　=　내 거야.
What is yours　　　　is　mine.

이러면 네 것이 무엇이든 간에, 너의 것이 내
거라는 거죠.
What is yours is mine. 묶어서,
What's yours is mine.
마지막으로 번역 하나 하고 정리하죠.

#Do not lay your eyes on him. He is mine!
lay 하지 마라 / 너 눈들을 / 그 위에. 걔는 내 거다!
아! lay라는 단어 몰랐어도 큰 메시지 전달됐죠?
lay가 궁금하면 찾아보면 되는 거죠. 뭔가를 살며시 놓을 때 lay 한다고 합니다.
"드라이클리닝 한 옷을 침대에 올려놔~" 할 때 lay 하라고 하는 겁니다.
우리말에 좀 더 어울리는 말로 바꿔서 영어로 만들어볼까요?

#재(남) 눈독 들이지 마!
→ Do not lay your eyes on him!
#재 내 거야!
→ He is mine!

이제 혼자서 "이건 네 거야, 내 것이 저건데요, 저분 거는 어디 있죠?" 식으로 계속
말해보세요.

7 04
비교급

MORE
+ER
THAN

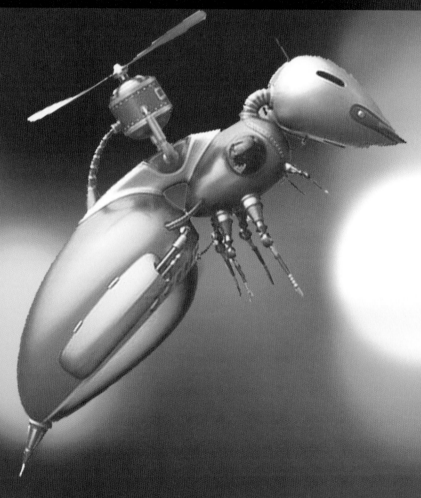

170

more 배웠죠? 영어로 빨리 말해보세요.

#우린 지원이 필요해.
> '지원'은 support [서'포트] <
→ We need support.

#이걸로는 불충분해.
> '충분한'은 enough [이너*프] <
→ This is not enough.

#지원이 더 필요해.
→ We need more support.

more는 이렇게 '더'에서 사용한다고 했죠?
자, 이 뜻 그대로 갑니다. 다음 문장을 만들어
보세요!

#역사 시험 어려웠어!
→ History exam was difficult!

#이게 더 어려웠어!
This was~ 어려운데, 더 어려운 거죠. more
difficult입니다.
→ This was more difficult!

#이게 그것보다 더 어려웠어!
다른 어떤 것보다 더 어려웠다고 비교하는 거
죠? 배운 내용이에요. 기억나세요?
than that. (스텝 06[22] 참조)
→ This was more difficult than
that!

그럼 쉬우니까 한 단계 더 올릴게요.
difficult나 beautiful처럼 긴 단어들이 있고
tall, short, cheap같이 짧은 단어들도 있죠.
서로 약간 다르게 사용돼요.

#너 키 크다!

→ You are tall!

#그런데 내가 더 크지롱!

→ But I am~ 다음에 more tall이라 하려다 tall도 짧으니까 소리만 가져옵니다.
more 하면 끝에 [어] 소리로 끝나죠. 그래서 tall 뒤에 er[어]를 붙여 **taller**라고 해줍니다.

#내가 더 커!

→ I am taller!

이게 끝이에요! 이제 다양한 단어에 적용해볼까요?

상황) 동창들끼리 어렸을 적 이야기를 합니다.
#A: 넌 작았었지!

→ You were small!

#B: 네가 더 작았지!

You were small 뒤에 [어]를 붙여 smaller!

→ You were smaller!

> 그럼 단어가 긴지, 안 긴지 느낌대로 선택하느냐고요?
> 넵, 맞아요! '영리하다'라는 뜻의 clever를 예로 들어보죠. 이렇게 짧지도 않고 길지도 않은 단어는 구글에서 검색해보면 cleverer로 쓰인 것은 26,000개, more clever로 쓴 것은 50,000개 샘플이 나옵니다. 사전에서 추천하는 것은 사실 더 적게 쓰는 cleverer인데 실제 사람들은 more로 쓰고 있는 거죠.
>
> 발음이 어색하면 사람들은 스스로 버린다고 했죠? beautiful 같은 단어는 앞에 more라고 하지 않고 뒤에 er를 붙이면 불편하게 길어지잖아요. 편하게 선택하세요. 그럼 연습장 들어갑니다.

#내 머리카락이 더 짧다.
hair / short

.... My hair is shorter.

#이 케이크가 더 커 보이는데.
large

.... This cake looks larger.

#내 점수가 네 것보다 높았어.
score [스코어]=점수 / high [하이]

....My score was higher than yours.

#그분(여)의 딸이 그분보다 더 행복했어요.

.... Her daughter was happier than her.

#네가 전에 쓰던 모니터가 이것보다 더 넓었잖아.
last monitor / wide [와이드]=넓은

....Your last monitor was wider than this.

#이 학생들이 더 똑똑하죠.
smart

.... These students are smarter.

#우리가 쟤네보다 더 웃겼어!
funny

....We were funnier than them!

#네 것이 쟤(여) 것보다 더 무거운데!
heavy=무거운

.... Yours is heavier than hers!

173

ly 부사

practically

'실용적'이란 말의 뜻은 이론의 반대로 생각하면 되겠죠?

이론상만 좋은 것이 아닌, '실제로 활용할 수 있네, 실용적이네'

해서 practical 이라고 써요.

#이 방법 실용적이네.

> '방법'은 method [메*쏘드] <

→ This method is practical.

'이론'은 영어로?　　　→ theory [*씨오*리]
'음악이론'은 영어로? → music theory
이론을 실전에서 활용할 수 있게 하는 것이 바로 연습이죠!
연습은 영어로?　　　→ practice [프*락티스]

자~ 이 practice에 cal [칼]을 붙이면 practical, '실용적인~'이란 뜻이 됩니다.
'실용영어' = Practical English

상황) 토론 중에 앞에 앉은 부장에게 말합니다.
#부장님의 아이디어는 실용적이게 들리지 않네요.
Your idea doesn't~ '들리다' 기억나요? → sound practical (스텝 05[07])
→ Your idea doesn't sound practical.

그건 그냥 이론적 접근이네요.
> appraoch [어프'*로취] <
That is just~ '이론'인 theory 뒤에 역시 cal [칼]을 붙여서
theoretical [*씨오'*레티컬] 하면 '이론적인'이 됩니다.
이론적인 접근, a theoretical approach.
→ That is just a theoretical approach.

practice에서 practical, 그 practical 뒤에 ly를 붙이면 practically [프*락티컬리]
마찬가지로 theory가 theoretical로, 그 뒤에 ly까지 붙이면
theoretically [*씨오'*레티컬리]죠? 무슨 뜻일지 문장에서 살펴보죠.

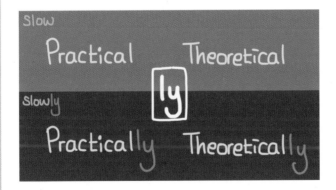

#It sounds good theoretically.
좋게 들려, 이론적으로는.
이런 것은 접하면 어렵지 않죠? 하지만 practically는 좀 더 넓게 쓰입니다. 보세요.

상황) 세상에 완벽한 사람이 어디 있겠어요?

#아무도 완벽할 순 없어요.

→ Nobody can be perfect.

그러다 한 남자를 만났는데 빠지는 것이 없어요.

넌 거의 완벽하네.

→ You are practically perfect.

perfect인데, practically perfect?

이론처럼 따지고 들면 아닐 수 있으나 실제 그런 것이나 다름없다, 사실 상 완벽하다고 하는 겁니다.

practically는 이런 식으로 실제 영어에서 잘 쓴답니다. '따지고 들면 아닐 수 있지만, 실제 그런 것이나 다름없다' 느낌으로 말 할 때!

상황) 서류상으로는 가족이지만 20년 동안 한 번도 보지 않았습니다.

#제 언니는 저한테 낯선 사람이에요.

> '낯선 사람'은 stranger [스트*레인져] <

→ My sister is a stranger to me.

#제 언니는 사실상 저한테는 낯선 사람이나 다름없어요.

→ My sister is practically a stranger to me.

날치이니 위치는 편하게 보세요. 그냥 기둥 뒤에 넣으면 가장 간단해요. 하나 더 해볼까요?

#Move in with me!

→ 움직여라 / 안으로 움직여라 / 나랑 같이?

'이사하다'도 move였죠? 안으로 이사하자는 겁니다. 나랑 같이.

이건 '나랑 동거하자!'라는 뜻입니다.

#우리 집에서 나랑 같이 살자!

→ Move in with me!

#우린 갈라놓을 수 없는 거나 마찬가지잖아!

> '갈라놓을 수 없는'은 inseparable [인세퍼*러블] <

→ We are practically inseparable!

이제 연습장에서 더 익혀보죠.

#극장은 비었었어.
cinema [씨네마] / empty [엠티]

.... The cinema was empty.
#극장은 비어 있는 것과 마찬가지였어.

....The cinema was practically empty.
#아이들이 굶고 있어.
starve [스*탈~*브]

....Children are starving.
#아이들은 굶고 있는 거나 다름없어.

....Children are practically starving.
#넌 일 안 하잖아!

....You don't work!
#넌 사실상 일 안 하는 것이나 마찬가지잖아.

....You practically don't work.
#네가 쟤(남) 아빠잖아.

....You are his father.
#애가 널 정말 좋아하네. 네가 거의 뭐 아빠나
다름없네.

....The kid really likes you. You are practically his father.

NOT / was 잉

NOT 들어갑니다. 세 번째 자리에 넣으면 되죠. 바로 만들어보세요.

1   **2**

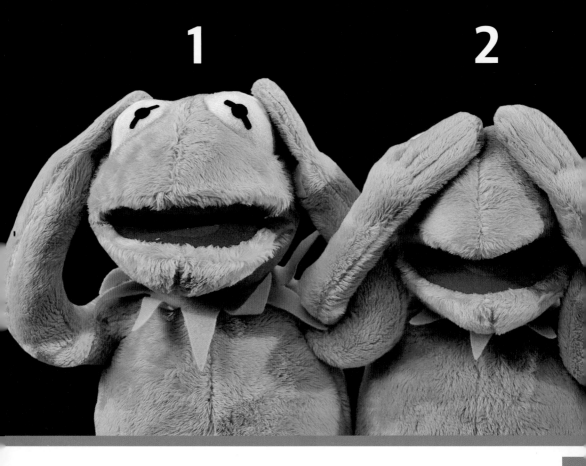

상황) 누가 묻습니다. 너 어제 학교에서 몇 시에 끝났어?
#저 어제 학교에 없었는데요.
→ No, I was not at school yesterday.

기둥은 BE 기둥의 과거인 WAS 기둥으로 말하면 되죠? 어렵지 않으니 레벨을 올려볼게요.

#어제 쉬는 날이었는데요.
> '쉬는 날'은 day off <
하루 쉬는 거면 a day off.
왜 off를 썼는지 보이죠? 껍딱지가 재활용된 거예요.
→ Yesterday was a day off.

#50주년 개교기념일이었거든요.
> anniversary [아니'*벌써*리] <
50주년은 50번째라는 것이고, 개교기념일은 '학교 기념일'이라고 표현합니다.
50주년 개교기념일은
the school's 50th anniversary
→ It was the school's 50th anniversary.

기념일을 좀 더 연습해볼까요?
#어제가 저분들 30주년 결혼기념일이었어요.
> 결혼기념일은 wedding anniversary <
→ Yesterday was their 30th wedding anniversary.

#선물이 뭐죠?
> gift <
→ What is the gift?
#뭘 위한 선물요?
→ For what?
#30주년요.
30주년을 위한 선물이 뭐냐는 거죠.
→ For the 30th?

#음, 잠깐만요,
15주년이 크리스털,
20주년이 자기,
25주년이 은이고,
30주년은 진주네요.
단어를 얼마나 아는지 다 영어로 해볼까요?
→ Hmm wait. The 15th is crystal,
The 20th is '자기'? 자기그릇의 자기는 china
[차이나]라고 해요. 중국의 차이나 맞아요! 서
양은 1570년에 '자기'를 접한 후 홀딱 반해서
"이게 뭐야?" 하며 놀라워했고, '중국 접시',
China dishes라고 말하다가 줄여서 china라
고 했다고 합니다.
The 20th is china,
25주년이 은이고 → The 25th is silver,
30주년이 진주네요. → And the 30th is 진
주? 진주는 영어로 pearl [펄]이라고 합니다.

그래서 #진주만을 영어로?
Pearl Harbour [펄 하버], 유명한 곳이죠?

더 해볼게요.
상황) 서로 내가 맞는다고 우기다 확인해보
니….
#그래! 네가 틀린 게 아니었네.
> wrong <
　　　　→ Fine! You were not wrong.
#내가 틀렸었고 네가 맞았었네.
> right <
　　　　→ I was wrong and you were
　　　　　right.

당연히 이 기둥도 묶을 수 있습니다.

was not 합치면 wasn't [워즌트]
were not 합치면 weren't [*원r~트]
위의 말을 묶어 다시 말해보세요.

이제 연습장에서 기둥을 묶어가며 만들어보
세요.

#나한테 묻지 마. 난 몰라. 거기 없었어.

.... Don't ask me. I don't know. I wasn't there.

#너 전에 대머리 아니었잖아 ···.
이젠 대머리나 다름없네.
bald [볼드]=대머리의

You weren't bald before···.
.... You are practically bald now.

#그냥 더운 게 아니었어! 너무 더웠어!

.... It wasn't just hot! It was too hot!

#최 실장(Robert)님 미팅에 늦지는 않으셨어.
late

.... Robert wasn't late for the meeting.

#걔네들은 그렇게 착하진 않았어요.
nice

.... They weren't that nice.

#한국은 예전에 이렇지 않았었는데.

.... Korea wasn't like this before.

#나 뚱뚱하지 않았었거든! 네가 나보다 더 뚱뚱했거든!
fat

.... I wasn't fat! You were fatter than me!

#쟤(남) 좀 봐봐! 좋아보인다! 쟤 전에는 인기
없었었는데! 이제는 있어지겠네!
good / popular [퍼퓰러]

Look at him! He looks good!
.... He wasn't popular before! He will be now!

181

내가 지금 뭐 하고 있는 중일 때, 지금 당장 하고 있을 때는 BE + 잉 기둥 썼죠?
그러면, '난 전에 뭐 하고 있는 중이었다~'라고 할 때는 어떤 기둥을 쓰면 좋을까요?
'내 전의 상태가~ 뭐 하고 있던 중~'일 때!
아주 간단합니다.
BE + 잉에서 BE 자리에 과거 기둥이 섞일 수 있는 거죠. WAS + 잉.
처음 나오는 거죠? 기둥들이 서로 꼬이는 겁니다. 그냥 보면 상식적으로 합쳐질 수 있는 거예요.

이런 말 잘하죠?
어제저녁 9시에 당신은 뭘 하고 있는 중이었나요?
전 TV 보고 있었어요.
I was watching TV.
I was, 제 이전 상태가 TV를 보고 있었던 거죠.

#옛날 올림픽 개막식 보고 있었어요.
> opening ceremony [오프닝 쎄*레모니] <
→ I was watching the old Olympic opening ceremony.
#아! 그게 아니다.
        → Actually, that's not it.
#폐막식 보고 있었어요.
> '폐막식'은 closing ceremony <
→ I was watching the closing ceremony.

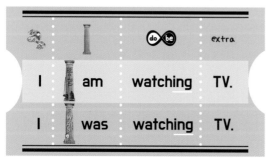

상상해보세요. 전에 뭐를 하는 중이었던 겁니다. BE + 잉 기둥을 과거에 있던 것이니 WAS로만 바꿨을 뿐이에요! 2개 기둥이 통합된 거죠. 서로 합쳐질 수 있는 요소가 있어 합쳐지게 된 것뿐 어려운 것은 없습니다. 어렵지 않죠? 더 만들어볼게요.

#A: 너 괜찮아?
→ Are you okay?
#B: 속상했었는데, 지금은 괜찮아.
> '속상하다'는 upset [업쎗] <
→ I was upset, but I am fine now.

#A: 미안. 내가 못되게 굴었어.
> '못되다'는 mean [민] <
→ I am sorry. I was being mean.
#B: 아니야. 못되게 안 굴었어, 정말이야.
→ No, you were not being mean, really.
기둥 묶어보세요.
→ No, you weren't being mean, really.

#지금 내가 못되게 굴고 있지.
→ I am being mean now.
지금 현재 내 상태 I am을 I was로 바꿔서
I was being mean. 하면 한순간에 아까 그랬던 걸로 바뀌게 되는 거죠.

| I | was | being | mean. |
| I | am | being | mean. |

얼마나 간단히 벽돌 바꿔치기로 쉽게 타임라인에서 움직일 수 있는지 보이죠? 기둥 구조가 다 이렇습니다.
이렇게 기둥들이 서로 합쳐지는 것들도 다음 스텝에서 예문으로 만나게 될 겁니다.
그럼 이제 BE 기둥을 과거에도 써보고 지금도 쓰고, 지금 진행 중인 BE + 잉까지도 실생활에서 직접 만들어보세요!

707

전치사 / 접속사

Before

영어로 만들어보세요!
#전화해!

→ Call me!

이건 call이란 행동을 하라는 거죠. 다음 문장은~

저한테 전화주세요!

말을 살짝 바꾼 겁니다.

Give me a call please!

저한테 달라는 거죠, 전화를. 영어에서 잘 쓰는 말입니다.

#저한테 11시에 전화주세요!

→ Give me a call at 11, please.

한 단계 더 올려보죠.

저한테 11시 전에 전화주세요!

뭔가의 '전'이라 할 때는 영어로 before [비*포],
껌딱지예요.

쭉 만들어보세요.

#11시 전	→ before 11 o'clock
#아침 식사 전	→ before breakfast
#내 면접 전	→ before my interview

#저한테 11시 전에 전화주세요!

→ Give me a call **before 11 o'clock!**

시간은 줄여서 그냥 11도 됩니다.
간단하죠? 계속 만들어보세요.

#저희들은 여기 5시 전에 왔어요.

come here가 아니라 be here처럼 두비에서 be 쪽으로 써보세요.

→ We were here before five.

#아니에요! 제가 여러분보다 더 전에 왔는데요!

간단하게 생각하세요! 껌딱지 사용해서!

→ No! I was here before you!

간단하죠? 이제 연습장에서 직접 만들어보세요.

185

#저한테 8시 전에 이메일 쓰세요.

.... Email me before eight o'clock.

#저녁 식사 전에 손을 씻으십시오.

dinner / wash

.... Please wash your hands before dinner.

#난 쟤네들 (나오기) 전에 나왔어. (be 쪽으로)

.... I was out before them.

#어떤 축구 선수들은 시합 전에 음악을 들어요.

game=시합

Some football players listen to
.... music before the game.

#이 포스터 안에 있는 남자애들은 저 밴드 이전에
유명했었어. (be 쪽으로)

poster / band / famous

These boys in the poster were
.... famous before that band.

#난 준비될 수 있어, 5시 전에.

ready

.... I can be ready before 5.

#오늘은 영어로?   today

#어제는?   yesterday

'그저께'는?   day는 day인데 어제 전날, the day before yesterday

영어는 '그저께'라는 명칭을 따로 만들지 않고 풀어서 말합니다. 다시 말해보세요.

자! 시간에 관련되어 before를 쓰는 것은 어렵지 않죠?

이렇게 before는 껌딱지처럼 명사에 붙여서 사용하기도 하지만 또한 because처럼 리본으로 사용해도 됩니다. 기둥 문장 전체가 다 붙어도 되는 거죠.

아주 쉬우니 만들어볼게요.

#해라!

> → Do it!

잊어버리기 전에!

→ Before you forget!

정확하게 언제 잊어버릴지 모르니까 그냥 DO 기둥을 써서 타임라인을 크게 잡아주는 겁니다.

#해라 잊어버리기 전에.

> → Do it before you ( ) forget!

쉽죠? 리본이니 앞에 배경 깔듯 먼저 나와도 됩니다.

#잊어버리기 전에, 해라!

> → Before ( ) you forget, do it!

배경으로 까는 것이 우리말 순서에 맞고 더 편해 보이죠? 영어는 단어로만 움직이는 언어여서 구조만 맞으면 기둥 문장이 통째로 앞뒤로 움직일 수 있어요.

#너 가는 거야?

> → Are you going?

#가기 전에, 나 좀 도와줄 수 있어?

'**가기 전에**'는 지금 가는 것이지만, 내가 붙잡으면 또 한참 있을 수 있죠? 편하게 타임라인이 큰 기둥으로 잡아서,

> → Before you ( ) go, can you help me?

가긴 가는데 날 도와주고 갈지 그 전에 갈지 모르니 편하게 DO 기둥 써서 타임라인을 크게 커버하는 거죠. 미래 기둥 안 써도 되는 겁니다.

이번엔 배경으로 깔지 말고 그냥 뒤에 붙여서 말해보세요.

#나 좀 도와줄 수 있어, 가기 전에?

> → Can you help me before you go?

#가서 그녀를 찾아!

> → Go and find her!

#너무 늦기 전에!

'**너무 늦다**'는 영어로 → It is too late.

> → Before it is too late!

배운 기둥 문장이 다 들어가면 되는 겁니다.

#너무 늦기 전에 가서 그녀를 찾아!

> → Go and find her before it is too late!
> → Before it is too late, go and find her!

연습이 답이겠죠? 이제 연습장에서 기둥 문장과 함께 연습하세요.

연습

#나 여기 있었어.

.... I was here.

#내가 여기 있기 전에, 네가 여기 있었지.

Before I was here, you were here. /
.... You were here before I was here.

#저희 기념일이 그저께였어요.
anniversary [아니'*벌써*리]

.... Our anniversary was day before yesterday.

#제 와이프는 저를 매일 아침 수영장에 가게 해요.
Hint: every day
swimming pool / morning

My wife makes me go to the swimming pool
.... every morning.

#저희 부모님은 제가 밥 먹기 전에 기도하게 하세요.
eat / pray [프*레이]

.... My parents make me pray before I eat.

#지금 시작하세요, (너무) 늦기 전에.
start / late

.... Start now before it's too late.

#말하기 전에 생각하세요. 다만 너무 많이
생각하진 마세요.
speak / think

Think before you speak.
.... Just don't think too much.

#미팅 전에 항상 어디 가는 거예요?

.... Where do you always go before the meeting?

#코트 지퍼 잠가요, 나가기 전에.
coat / zip up

.... Please zip up your coat before you go outside.

#어디 가보고 싶어? 죽기 전에 뭐 보고 싶어?
die [다이]

Where do you want to go?
.... What do you want to see before you die?

708

이번 스텝은 이미 한 번 정도는 들어보셨을 겁니다. 바로 **Never** [네버]~
네이버 아닙니다.

NOT 있죠? 이 not을 강하게 말하고 싶을 때 사용하면 됩니다. 바로 예문으로 설명할게요.
#난 널 또 보지 않을 거니까, 그냥 그만 전화해라.
기둥 설정! WILL 기둥과 명령 기둥이죠?

→ I will not see you again, so just stop calling me.

이번엔 이 말보다 더 세게 말하고 싶어요.
I will not see you가 아니라, 다시는, 절대 무슨 일이 있어도 안 볼 거예요.
이때는 not을 never로 바꿔주면 돼요.
I will **never** see you again, so just stop calling me.
이게 끝!

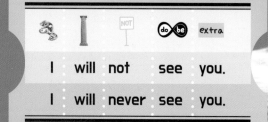

never는 타임라인에서 한 번도 일어나지 않을 거라고 말하는 겁니다. 흘러가는 시간 동안에 아예 존재하지 않을 거란 말이죠. 기둥들을 돌리면서 더 만들어보세요.

#나 바쁘니까 지금 물어봐.
> '바쁜'은 busy [비지] <
→ I am busy so ask me now.

#지금 아니면 없어!
→ Now or never!
타임라인에서 봤을 때 now만 있고, now 말고는 never라는 거죠.

#지금이야!
→ It's now!

#지금 아니면 더 이상 없어! 지금 아니면 끝!
→ It's now or never!

예문 또 볼게요.
#A: 이거 무슨 냄새야? 당신 또 담배 피우고 있어?
→ What is this smell? Are you smoking again?

#B: 미안! 미안!
→ Sorry! I am sorry!

#다시는 안 할게!
→ I will never do it again!
"I will not do it again!"보다 강해진 겁니다.

다양한 기둥으로 섞일 수 있겠죠?
#너 어제 여기 있었잖아!
→ You were here yesterday!

#아니야, 여기 있던 적 전에 한 번도 없어.
→ No, I was never here before.

191

쉬운 번역! 읽으면서 이미지로 떠올린 후 비교해보세요. 빨리만 읽지 말고, 천천히 이미지로 그리면서 읽어보세요!

I don't know why but I can never look at him in the eyes.
몰라 / 왜인지 / but / I can never, 절대 할 수가 없어 / look at him, 볼 수가 없어. 그를 / 눈 안을.
왜인지는 모르지만 그의 눈을 한 번도 제대로 마주칠 수가 없다는 겁니다. 여러분이 만들어보세요.

그를 쳐다볼 수는 있는데, 눈을 보지는 못하겠어.
→ I can look at him, but not in the eyes.
우리말로는 그냥 눈을 보지 못하겠다고 하지만 영어는 'in the eyes'를 써서 그 사람의 감정이 전달되는 그 눈빛을 보지 못한다고 구별해준답니다. 껌딱지로 다양하게 메시지를 전달하죠?

또 만들어봅시다.
never가 혼자 서는 모습도 보여드릴게요.
#A: 나 이것 좀 해줄래?
→ Will you do this for me?
#B: 절대 그럴 일 없을 거다! 간단하게,
→ NEVER!

이제 연습장에서 직접 만들어보세요.

연습

#재(남) 내 남자친구 아니었어.
....He was not my boyfriend.

#재(남)가 내 남자친구였던 적이 없어.
....He was never my boyfriend.

#난 이 여행을 잊지 않을 거야.
trip / forget
....I'll not forget this trip.

#난 이 여행을 결코 잊지 않을 거야.
....I will never forget this trip.

#넌 나한테 친절하지 않았었어.
kind

....You were not kind to me.

#넌 나한테 한 번도 친절하지 않았었어, 그날 전까진.

....You were never kind to me before that day.

#난 절대 완벽하지 않아. 아무도 완벽하지 않아.
perfect / nobody

.... I am never perfect. Nobody is perfect.

#전 이런 것에 한 번도 투자하지 않는데, 이건
가능성이 좀 보이네요.
invest [인*베스트]=투자하다 / potential [포텐셜]=가능성

I never invest on things like this,
....but I can see some potential here.

#늦지 마. 절대 늦지 마.

.... Don't be late. Never be late.

#A: 난 절대로 다시는 담배를 안 피우겠어!

....I will never smoke again!

#B: 절대 '절대'라고 말하지 마라.

.... Never say 'never'.

#난 이걸 할 수가 없어.

.... I can't do this.

#난 이걸 제대로 할 수가 없어.
properly [프*로펄리]

.... I can't do this properly.

#난 전혀 이걸 제대로 할 수가 없어.

.... I can never do this properly.

#포기하지 마. 절대 포기하지 마.
give up

.... Don't give up! Never give up!

조금만 더 넓혀보죠. 픽사의 <인크레더블>
애니메이션에 나오는 대사입니다.

#난 절대 돌아보지 않아.
→ I ( ) never look back!

#It distracts me from the now.

It은 방금 말한 것을 반복 안 하려고 하는 거죠.
= 돌아보는 것은 / [디스트*락트] 한다 / 나를
/ 어디서부터? the now, 지금으로부터.
즉, '돌아보는 것이 나를 지금으로부터
distract 한다'는 건데 무슨 뜻일까요?

시간이 나면 distract를 사전에서 찾아보면 됩
니다. distract는 '방해하다'란 뜻입니다. 집중
하는데, 집중을 못 하게 방해하는 거죠.
비슷하게 예상하셨나요?
현재에 집중해야 하는데, 과거를 돌아보는 행
위는 집중을 방해한다는 거죠.
문장을 읽지 말고, 다시 한번 같은 단어로 그
자리에서 생각하고 느낌을 기억하면서 만들
어보세요.

#난 절대 돌아보지 않아. 나를 지금으로부터 방해하거든.

어휘를 이렇게 늘려나가면 살아 있는 언어가
됩니다. 어휘는 단어장 모음이 아니라 이렇게
늘려나가는 거예요. 재미있기도 하답니다.

상황) 회의실을 지나가는데 예의를 차린다고 일어서려 하네요.

#일어나지 마세요.

→ Please, don't get up.

#저 신경 쓰지 마세요.

> mind <

이럴 때 신경 쓰지 말라는 것은 관심 두지 말라는 거죠. 지나가든 말든 생각을 여기에 두지 말라는 것이니 이럴 때는

→ Don't mind me, please.

이래서 통째로 기억하면 좋은 말!

상황) 내가 무슨 말을 했는데, 상대방이 내 말을 못 들어서 다시 물어요. 별것 아니니 신경 쓰지 말라고 할 때,

별로 중요한 거 아니야. 신경 쓰지 마.

한마디로

→ Never mind.

"Don't mind" 말고, "Never mind"는 아예 없던 일처럼 신경 쓰지 말라는 겁니다.

우리는 보통 NOT에 익숙해서 never는 많이 쓰는 문장 외에는 잘 안 쓰게 됩니다. 그러니 의식적으로 연습하면서 적응해보세요!

709

전치사

into

이번 스텝은 쉬면서 이미 배운
껌딱지들이 서로 붙는 것을
접해볼게요. 아주 쉽답니다.

#나 내일 수영장 가.
> swimming pool <
'내일 갈 거야'라는 마음가짐이 아닌 확실하게 가는 계획을 말하면
BE + 잉 기둥으로 표현 가능하다고 했죠? I am going~

extra   간다는 건 방향이 있으니 to 껌딱지를 붙이고 수영장을 넣는 거죠.
→ to the swimming pool

extra   → tomorrow

→ I am going to the swimming pool tomorrow.

상황) 다양한 풀장이 있는 곳에서 어디로 들어갈까 이야기하는데,
#난 이 풀장에서는 수영 못 해.
I can't swim~ 다음에 수영은 수영장 안에서 하니 '안'이라는 느낌을 주는 in 껌딱지 붙이고 수영장
을 쓰는 거죠. → in this pool
→ I can't swim in this pool.

#지난번에 너무 깊었었어.
> deep <
It was too deep~ '지난번'은 영어로 뭘까요?
'이번'은 this time이죠?
'지난번'은? → last time
→ It was too deep last time.
'마지막엔'이란 말로 쓸 때는 the last time이라고 해서 the로 정해줄 수도 있답니다.

그러자 같이 갔던 친구가 말합니다.
#그렇게 안 깊었어.
It was not~ 다음에 '이렇게 깊은' 것은 this deep,
'그렇게 깊은'은? → that deep
→ It was not that deep.

#그냥 점프해서 들어가!
안으로 들어가니까 in, 방향은 풀장이니 to
껌딱지 둘이 합쳐 into가 됩니다.
수영장 속(in)을, 향해서(to) 가는 거죠.
→ Just jump into the pool!

197

상황) 누군가 speech (연설)를 하는데 잘 안 들려 웅성거립니다.
안 들려요!
'듣다'. 지금 열심히 listen 하려 하는데, hear가 안 되는 거죠.
→ We can't hear you!

마이크에 대고 말하세요!
Speak~ 하고 이미지 떠올려보세요.
→ into the microphone
그냥 "Speak to the microphone!"도 됩니다. 하지만 into로 하면 더 안으로, 더 가까이란 메시지
가 전달되는 거죠. 마이크에 말하세요! vs. 마이크에 대고 말하세요! 이 정도 느낌의 차이가 있어요.
into는 금방 감이 잡힐 거 같죠? 그럼 좀 덜 뻔한 것도 같이 접해볼게요.

너 변태로 변하고 있어!
> '변태'는 pervert [퍼*벌트] / turn <
'변하다'를 여기서는 change로 안 쓰고 turn 한다고 합니다. 방향이 다른 쪽으로 돌아가는 거죠.
You are turning~ 도는데, 어느 쪽으로 돌죠? → into a pervert
→ You are turning into a pervert!

또 해볼게요.
우리는 빈방을 서재로 바꿀 거야.
> spare room / study / turn <
빈방이 있는데 변신하듯 돌려 서재로 형태를 바꾸는 겁니다. 마찬가지로 turn into를 씁니다.
자동차 여분의 타이어를 [스페어타이어]라고 하죠? 그렇게 여분이 있을 때 spare, 빈방을 the
spare room이라고 해요. empty는 '공간에 아무것도 없다'는 느낌인데 여분의 방에 가구가 있으면
empty는 아닌 거죠.
We will turn the spare room~ 이제 서재로 형태를 바꾸는 거니까,
extra → study, study는 '공부'였는데, 위치를 바꿔 쓰니 '서재'가 되죠?
→ We will turn the spare room into the study.

상황) 우리한테 30만 원이 있습니다. 옆에 있던 친구가,
우리 여섯이니까, 여섯으로 나눠.
> divide [디*바이드] <
We are 6, so divide it~ 형태가 여섯으로 나눠지게 하라는 거죠. 역시 껍딱지 into → into 6
→ We are 6, so divide it into 6.
요술처럼 기존 형태가 다른 형태 안으로 들어가는 거예요. 또 해보죠. 먼저 # 문장들을 만들어보세요.

#이 문장을 영어로 말할 수 있어요?

→ Can you speak this sentence in English?

배웠죠? 같은 말을 영어 안에서는 어떻게 하느냐는 거죠. in English.

#이 문장을 번역해주세요.

→ Translate this sentence, please.

#이 문장 영어로 번역해주세요.

번역은 언어를 변형시키는 거니까 껌딱지 into가 잘 붙어요.

→ Translate this sentence into English, please.

이미지 그려지죠?

#이 영어 리포트를 한국어로 번역할 수 있어요?

> essay <

→ Can you translate this English essay into Korean?

into는 계속 느낌이 같죠?

상황) 친구 책상에 놓인 연예인 사진을 보며 말합니다.

#제 친구는 엄청난 K-pop 팬이에요.

→ My friend is a big K-Pop fan.

→ My friend is a big fan of K-Pop.

#저번 달에는 저 남자한테 빠져 있더니.

두비에서 be 쪽으로 해보세요. 간단하게 껌딱지를 사용하면 됩니다.

→ She was into that guy last month.

왜 into를 '빠져 있다'라고 하는지 보이죠? 상태가 into 되어 있는 거죠.

#지금은 이 남자한테 빠져 있어요, 여기 이쪽에.

→ Now she is into this guy over here.

그러자 친구가 말합니다.

#전 그냥 얘네가 너무 좋아요.

→ I just love them.

#이 느낌을 말로 표현을 못 하겠어요.

> feeling=느낌 / words / express [익스프*레스]=표현하다 <

I can't express

extra this feeling, 느낌을 말로 전환하지 못한다니까

extra '말', words에 껌딱지 붙여서 → into words

→ I can't express this feeling into words.

express 말고 put도 돼요. → I can't put this feeling into words.

직역하면 그 느낌을 단어들로 놓지 못하겠다는 겁니다.

이제 연습장에서 지금까지 나온 것들을 다시 한번 복습해보세요.

#A: 뭐 하고 있어?

.... What are you doing?

#B: 내 리포트 영어로 번역하고 있어.
essay=리포트 / translate=번역하다

.... I am translating my essay into English.

#나 요즘 한국 드라마에 완전 빠졌어.
한국 남자들 신사야!
these days=요즘 / TV series / gentlemen

I am so into Korean TV series these days.
.... Korean men are gentlemen!

상황) 친구들이 냉탕으로 들어오라고 합니다.

#A: 들어와!

.... Come in!

#B: 아니, 안 들어갈 거야. 너무 차가워.

.... No, I won't. It's too cold.

#A: 그렇게 차갑지 않아! 그냥 점프해서 들어와!

.... It's not that cold! Just jump into it!

#이거 오디션이에요, 그러니 기억하세요.
마이크에 대고 노래 부르세요.
audition / remember

This is an audition, so remember.
.... Sing into the microphone.

미술 시간에 원근법 들어봤나요?

원근법 기술을 그림에 처음 도입한 사람은 서양의 한 화가였다고 해요. 30년도 채 못 살고 죽은 화가 마사초가 처음이었는데, 지금 우리 눈에는 단순한 그림처럼 보이지만 그 시대에 처음 본 사람들은 이 그림이 벽을 뚫고 그린 그림인 줄 알고 놀랐다고 합니다.

그림을 보면 균형을 계산한 후 모두 지정한 자리에 구성되어 있죠. 이래서 원근법이 느껴지는 거랍니다.

'원근법'은 영어로?

perspective [퍼스펙티*브]

우리도 시야가 좁아져 별거 아닌 거에 고민할 때 있죠?

그때 영어로는

#Put your problems into perspective!

라고 합니다. 너의 문제들을 다시 균형에 맞게 놓으라는 거죠. 같은 단어가 쓰이죠?

문제를 다른 시각으로 바라보면 도움이 될 때가 많죠. 서 있는 자리를 바꿔서 새 각도로 보면 보이지 않았던 것들이 보입니다.

perspective는 또 이럴 때도 사용됩니다.

#다른 시각으로 봐봐.

Look at it~ 다음에 다른 시각에서 보는 거니까 껌딱지 from! → from a different perspective

　　　　　→ Look at it from a different perspective.

마지막으로 하나 더 해보죠.

#난 더 건강한 사람이 될 수 있어!

　　　　　→ I can turn into a healthier person!

이제 예문들을 복습하면서 into를 쓸 때는 이미지를 그려보며 말해보세요!

OUT OF

장거리 연애

distance [디스턴스]는 거리,

긴 거리 관계.

long-distance relationship [*륄'레이션쉽]

우리는 '길 장'을 써서 '장거리'라 하죠?

長
길 장

Long distance

장거리

장거리 연애에 대해 말할 때 자주 등장하는 말이 있죠.

Out of sight, out of mind.

나가는데 of니까 어디에서? [싸이트]에서 나간다는 건데 단어를 모르면

그다음을 더 읽어보세요.

Out of mind. 나가는데, 마음에서 나간다, 정신에서 나간다?

전체 메시지가 잘 전달이 안 되니까 이럴 때는 sight란 단어 뜻을 찾아보면 됩니다.
sight는 '시력'이란 뜻으로도 쓰고 '시야'로도 씁니다.

시야에서 벗어나면 마음에서 나간다는 말입니다.
눈에서 멀어지면, 마음에서도 멀어진다는 말이 영어로는 Out of sight, out of mind.

out도 배웠고 of도 배웠죠?
나가라고 말할 때, 어디에서 나가라고 할 때는 한 번 더 들어가서 of를 써줍니다. 그럼 직접 만들어
보세요.

#나가!
→ Get out!
#내 방에서 나가라고!
→ Get out of my room!

#나 이 게임에서 out 됐어!
I am out~ 게임이니 of this game.
→ I am out of this game.

게임에서 더 이상 보여줄 것이 없으면 out 되
죠? 다른 것도 마찬가지입니다.
#아이디어가 떨어졌어.
out 되었는데 한 번 더 들어가서 아이디어가!
→ I am out of ideas.

#돈이 떨어졌어.
→ I am out of money.

우리말과 마찬가지로 "I don't have money"와
"I am out of money"는 다르죠?
#돈 없어.
→ I don't have money.
#돈이 다 떨어졌어.
→ I am out of money.
내 상태가 out이 된 거죠.

돈이나 아이디어가 아니라 정신이 나갔다고
할 때는?
→ I am out of my mind.
#너 정신 나갔어?!
질문이니까 뒤집어서
→ Are you out of your mind?!

다른 상황을 더 보죠.
상황) 무거운 짐을 들고 걷는데 앞에서 친구들이 길을 방해해요.
#나와!
힌트: **나가!** Get out!
내 길에서 나가라는 겁니다. 우리는 "내 앞길에서 나와!" 이런 말
안 쓰죠. '나와!'를 영어로는 **Get out of my way!**

모르는 사람한테 하면 무례한 말입니다. 모르는 사람한테는
"실례합니다. 잠깐만요."
영어로 Excuse me! Please.
당연히 급할 땐 지르죠. **"나오세요!"**
> → Get out! Get out of the way!
my way는 내 길을 막지 말라고 전달됩니다.

상황) 친구에게 화가 나 꼴도 보기 싫어요. 그럴 때.
#Get out of my face!
내 얼굴 앞에서 사라지라는 거죠. 영어로도 센 말입니다.
거의 "꺼져!" 수준.
이렇게 껌딱지로 다양한 말을 만들 수 있는 것이 아직도 신기하
죠? 계속 접하면서 감을 키우세요.

#나 뚱뚱해. → I am fat.
#나 뚱뚱해지고 있어!
내 상태가 계속 fat이 되는 거면 계속 '얻어지는' 거죠. get 쓰면
됩니다. 기둥은? 지금도 진행 중이니 BE + 잉 기둥.
> → I am getting fat!

#점점 통제 불능이 되고 있어!
힌트: **이건 통제 불능이야.**
control에서 out 된 거죠.
> → This is out of control!

#내가 점점 통제 불능이 되고 있어!
'점점'은 계속 진행 중이니 BE + 잉 기둥
계속 상태가 get 되고 있는 거죠.
> → I am getting out of control!

#She is out of your league.
그녀는 아웃인데, 뭐에서 아웃이래요?
한 번 더 들어가서 '네 리그 밖'이라는데 무슨 뜻일까요?

운동에서 리그라고 하죠? 야구 프로리그, 아마추어리그 등. 지금 저 말은 당신은 아마추어이고 지금 저 여자는 프로리그에 있다는 겁니다. 상대가 안 된다는 거죠.
여자가 대단해 보여서 멋진 남자들이 주위에 많을 것 같을 때 그렇게 말하기도 합니다.
She is out of your league.
영어가 웃기죠?

마지막으로 하나 더 하고 정리할게요.
편안하고 안정적인 것만 선호하다 보면 성공하기 힘들다고 하죠? 성공하는 사람들을 보면 모험을 하며 안정적인 루틴에서 벗어납니다. 그래서 영어는 그럴 때
#Break out of your comfort zone.
이라고 합니다.

comfort [컴*포트]는 안정, 편안함. / zone [*존]은 범위.
comfort zone은 안전지대 느낌인 거죠.
Break out of your comfort zone. 안전하게 느껴지는 범위에서 깨고 나오라는 겁니다.

그럼 마지막으로 만들어보세요.
#인생은 당신의 안전지대 끝에서 시작된다.
> life / end / start <
    → Life starts at the end of your comfort zone.

7.11

one of them

이미지 보세요.

1명 서 있죠.
One.

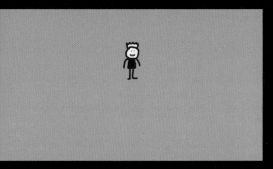

100명 중의 1명이라고 하면 100명 중 1명을
빼낸 거죠. 그걸 영어로 **1 out of 100**
out 했는데 어디서? 한 번 더 들어가서 of 100.

우리말은 배경인 100명을 먼저 말하죠.
100명 중의 1명
주위의 환경을 먼저 말하지만, 영어는 요점을
중심으로 말을 시작한다고 했습니다.

요점은 그 1명이니, 그것을 먼저 말하고 연결
된 환경을 말하는 거죠.
1 out of 100
이미지로 떠올리면 여러분도 1명부터 먼저 보
이긴 하죠?

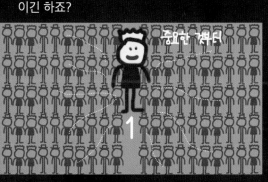

#자동차 10대가 보입니다.
10 cars
그중에서 1대 빼면서 말해보죠.

#자동차 10대 중 1대.
1 out of 10 cars

1대건 1명이건 영어는 그냥 one을 씁니다.
셀 수 있는 것 안에서는 1명, 1가지, 1마리 같은
단위는 영어에는 없답니다.
다음을 영어로 바꿔보세요.

#100명 중 8명
→ 8 out of 100 people
어렵지 않죠? 문장에 넣어서 만들어보세요.

#A: 오늘 시험 정말로 어려웠어
> exam [이그'*젬] / difficult [디*피컬트] <
→ Today's exam was really difficult.
#B: 그렇게 안 어려웠어!
It wasn't 다음에 '그렇게 어렵지 않은'은 that
difficult.
→ It wasn't that difficult.
#이게 네 시험지야?
> (exam) paper <
→ Is this your paper?
#30개 중 25개 맞았으면 그
렇게 나쁘진 않네!
> bad <
→ 25 out of 30 is not that bad.

연습장에서 만들어보세요.

#20명의 피해자 중 18명이 여성이었습니다.
victim [*빅팀]=피해자

.... 18 out of 20 victims were women.

#10명 중 3명은 샤워하면서 노래합니다.
shower

.... 3 out of 10 people sing in the shower.

#우리는 8개 중 4개를 얻게 될 거야.

.... We will get 4 out of 8.

#10개의 질문 중 5개는 괜찮았어.

.... 5 out of 10 questions were okay.

#10명 중 7명이 '네'라고 말할 겁니다.

....7 out of 10 people will say 'yes'.

#이 호텔은 별 5개 중에 5개였어, 그런데 지금은 3개야.

.... This hotel was 5 out of 5 stars, but now it is 3.

미국 건국 이념에 쓰여 있는 글귀.

E pluribus unum

에 플루리부스 우눔? 라틴어여서 《해리 포터》에 나오는 주문 소리와 비슷하죠?

뜻은 out of many, 혹은 1 out of many라고 번역됩니다.

사람들은 이 뜻을 One — 하나의 국가가 되었는데,
Many — 다양한 주들이 한곳에 모여서 하나의 국가가 된 것이라고 봤다고 합니다.

하지만 이민자의 나라인 미국의 국민들은 스스로를 'a nation of immigrants'라고 잘 말합니다.
국가인데, 이민자의 국가인 거죠. 그래서 많은 주가 아닌, 많은 인종 Many가 모여 One 하나가 되
었다는 의미로 해석한다고 합니다.

영어는 단어들로만 만들어져 있고 재활용도 많아서 별것 아닌 것이 사람을 헷갈리게 하는 경우가
있어요. 하지만 상식적으로 보면 대부분 곤란하지 않게 해나갈 수 있습니다. 그럼 다음 것은 이미지
로 상상하면서 보세요.

5명 중 4명은 이것을 주문할 거야. 이럴 때 머리에서는 수가 떠오르죠. 통계처럼 아무나 5명을
골라내면 그 안에서 4명이란 느낌이 들잖아요. Out of로 가게 되죠. 하지만,
5명이 올 건데 그중 4명은 이것을 살 거야. 이러면 5명이 오는 것도 같이 그려지죠? 통계식이
아니어서 그 배경을 설명하는 것이 아닐 때는 굳이 out을 써야 할 필요가 없으니까 살짝 다르게 씁
니다. 4 of them이라고 말한답니다. 접하기만 해두세요. 한번 만들어보죠.

#치과의사 5명이 올 건데, 그중 4명은 이것을 선주문 할 거야.
4명을 굳이 그 5명에서 끄집어낸다는 느낌이 없어서, 그냥 4 of them이라고 말한답니다.
　　　→ 5 dentists will come, and 4 of them will preorder this.
꺼낸다는 느낌이 아니라 그냥 '그 안에서'라는 느낌인 거죠. 별것 없습니다.

그럼 연습장에서 직접 만들어보세요.

#쟤네들 중 1명이 나한테 거짓말하고 있어.
lie

.... One of them is lying to me.

#친한 친구가 영국에 3명 있는데,
그중 1명은 영국인이 아니에요.

I have three close friends in England,
.... and one of them isn't English.

#너한테 진짜 멋진 차가 5대 있지만,
이젠 1대만 가지고 있을 수 있어.

You have 5 amazing cars, but you
.... can keep only one of them now.

#내 팀에는 22명 선수들이 있는데, 그중 20명이
안 좋은 컨디션이야. 이 팀으로 어떻게 이겨?
players / bad condition / win

I have 22 players in my team, and 20 of them
.... are in bad condition. How can I win with this team?

#여러분들 중 단 1명만 집에 돌아갈 수 있습니다.
5억 원을 챙겨서요. (껌딱지로)
500,000,000 (콤마 3개)

Only one of you can go back home
.... with 500 million won.

그리 중요한 스텝이 아니니 긴장 좀 풀 겸 퀴즈로 마무리하죠.
미국은 달러라는 화폐를 사용합니다. 달러는 종이 지폐에 쓰이고, 동전은 cent [센트]라고 부른답니다. 우리는 다 '원'이라고 하죠. 길이 단위로 비교하자면 우리는 전부 cm로만 재는데, 그들은 cm와 m로 나눈 거라고 보면 됩니다.

미국은 동전마다 제각기 숫자 이외의 이름을
붙여서 잘 말합니다. 퀴즈 풀려면 이름에 신
경 쓰세요.
 1cent: penny [페니] 5cent: nickel [니클],
10cent: dime [다임] 25cent: quarter [쿼터]

그러니 쿼터가 4개 있으면 1달러가 되는 거죠.
우리말로 250원이라고 보면 됩니다. 우리
에게도 50원이 있듯 quarter는 동전 자체가
250원인 겁니다.

퀴즈 들어갑니다. 영어로 만든 후 풀어보세요.
#2개의 동전이 30센트와 동
일하다. 하지만 그중 하나는
nickel이 아니다.
> coin / equal <
→ 2 coins equal 30cents , but one of
   them is not a nickel.

#어떻게 가능할까요?
> possible <
        → How is that possible?
#여러분의 답을 설명해보세
요, 답을 보시기 전에.
> answer [앤써] / explain [익'스플레인] <
→ Explain your answer before you look at
   the answer.

답은 25cent와 5cent입니다. 하지만 왜?
#딱 그중 하나만 니클이 아닙
니다.
→ Only one of them is not a nickel.
#쿼터는 니클이 아니잖아요!
→ Quarter is not a nickel!
one of them은 그중의 하나라는 뜻.
그중의 하나는 니클이 아닌 거 맞죠?
미국에서 다들 접해보는 질문이라고 하네요.

하나만 더 해볼까요?
#메리의 아버지는 5명의 딸
이 있습니다.
영어로?
→ Mary's father has 5 daughters.
#나나, 네네, 니니, 노노.
→ NaNa, Nene, Nini, Nono.
#5번째 딸의 이름은 뭘까요?
→ What is the fifth daughter's name?

누누, NuNu라고 한 분.
답은 Mary입니다. '메리의 아버지'라고 했잖
아요. Mary's father!

every day

'매일'이죠?

하루하루 떼어놓고 말하는 '매일'을 말합니다.

everyday, 스펠링이 붙어 있는 이 단어와 헷갈릴 수 있겠죠? 붙은 것은,
일상복, everyday outfit처럼 평상시 사용하는 것들을 설명할 때 씁니다.
일상생활 everyday life
일상언어 everyday language

하지만 여러분이 더 자주 쓰게 될 단어는
매일매일을 말하는 띄어 쓰는 every day일 겁니다.
매일매일 every day.
그럼 한번 맞혀보세요. all day 무슨 뜻일까요?
all도 뭔가 전체를 말할 때 쓰지 않나요?

이건 하루 전체를 다 커버한 '하루 종일'이란 뜻입니다. 만들어보세요.

#전 하루 종일 일하지 않아요.
> → I don't work all day.

#전 매일 일하지 않는데요.
> → I don't work every day.

차이점 보이죠?

자! 이제 비교해보죠.

모든 아이는 사랑이 필요합니다.

이 말을 하는데 2개의 말을 접하게 될 겁니다.

Every child ( ) needs love. VS. All children ( ) need love.

every day, all day와 비슷하게 생각하면 됩니다.
영어는 수로 세상을 바라보는 것을 좋아한다고 했죠? every와 all의 차이도 마찬가지입니다.

개별적으로 한 명 한 명의 아이들에게 전부 사랑이 필요하다고 말하고 싶을 때는 매일처럼 하나하
나 골라서 묶는 느낌인 every가 어울립니다.
그래서 한 명의 어린아이는 one child이기 때문에, 한 명 한 명 묶었단 느낌이 들게 children이 아
닌 every child라고 하는 겁니다.

또한 child처럼 한 명씩 나누어 묶었으니, he 혹은 she여서 3총사 DOES 기둥으로 만든 겁니다.
"Every child does need love"에서 기둥을 숨겨
"Every child ( ) needs love"로 말한 거죠.

그런데 아이들을 통째로 묶어 말하면서 아이들은 전부 사랑이 필요하다고 말하고 싶을 때는 all로 가
면 되는 겁니다. all이면 한 명 한 명 개별적으로 본다는 느낌 없이 통째로 여러 명을 다 보는 겁니다.
이럴 때 '모든 아이'는 all children이 되겠죠?

all children은 묶어서 여러 명인 they이니 DO 기둥으로 만들어서
all children do need love. 기둥을 숨기면
All children ( ) need love. 이렇게 되는 거죠.

every child이건 all children이건 말할 때 편한 것으로 사용하세요. 대신 읽을 때는 무슨 이미지인
지 파악하면서 읽으려 해보세요. 좀 더 익숙해져보죠.

#이것들 봐봐! 마음에 들어?
> → Look at these! Do you like them?
#그중의 하나는 네 거야.
> → One of them is yours.

그때 누군가 말을 끊습니다.
#아니야, 이것들 전부 다 내 거야.
하나하나 손으로 넣으면서 이것도 내 거, 저것도 내 거라는 느낌으로 말하고 싶으면
> → Every one of them is mine.

전부 묶어서 "다 내 거야" 말하고 싶으면
> → All of them are mine.
왜 are인지 알겠죠?

#저 사람은 사진 기억술을 지니고 계세요.

> photographic memory <

→ She has a photographic memory.

#하나하나 작은 디테일까지 기억하세요.

이러면 every가 좋겠죠. 하나하나 다 아는 거죠.

→ She ( ) remembers every little detail.

#모든 아이에게 사랑과 지원이 필요합니다.

아이들을 전부 보면서 말하면?

→ All children ( ) need love and support.

연습장에서 양쪽을 만들면서 그 느낌을 반복해보세요.

#모든 이야기는 두 영웅에 관한 거야.

story / hero

.... All the stories are about two heroes. /
.... Every story is about two heroes.

#1년 내내 솔로였어. 매우 속상해.
내 미래 여자 친구는 어디 있는 거야?

single / upset / future

.... I was single all year. I am very upset.
.... Where is my future girlfriend?

#모든 이는 동등하다.

man / equal=동등한

.... All men are equal. / Every man is equal.

#네 남자친구 매일 여기 왔었어. (be 쪽으로)

.... Your boyfriend was here every day.

#네 남자친구 하루 종일 여기 있었어.

.... Your boyfriend was here all day.

#저 사람들 좀 보세요. 전부 다 행복하게 보이죠, 그렇죠?

.... Look at them. All of them look happy, right? /
.... Everyone looks happy, right?

215

의문문

WAS 기둥은 쉬워서 여기까지 오는 동안 다양한 스텝들을 접했습니다.

#Big brother is watching you.
큰 형이 / 보고 있는 중이다 / 너를.
큰 형님이 너를 지켜보고 있는 중이다.
어디에 나오는 말인지 아나요?

영국 작가 George Orwell [조지 오웰]의 책 《1984년》에 나오는 말입니다.
백남준의 'Good morning, Mr. George Orwell' 작품 이야기했었죠?
George Orwell을 알고, 그의 책 《1984년》을 알면 백남준의 이 작품을 더 재미있게 바라볼 수 있다고 말했죠? 아는 사람만 알 수 있는 것들. 서양에서는 이런 일이 자주 있습니다.

인용을 했는데 알아듣는다면, 상대방의 관심사나 그 사람의 생각과 역량을 알 수 있게 되는 거죠.

만화 〈심슨〉 역시 패러디의 천국입니다. 그래서 많이 알면 알수록, 다른 것을 더 많이 이해하고 즐길 수 있게 되는 거죠.

〈1984〉
[Apple Inc. commercial]
Directed by Ridley Scott

애플사의 Steve Jobs는 1984년에 매킨토시 컴퓨터를 출시할 때
책《1984년》에서 영감을 받은 광고를 냈습니다. 유명한 광고로
인터넷을 검색하면 볼 수 있습니다.

영상이 끝나면서 나오는 문구를 여러분 모두
다 이해할 수 있어요. 빨리 읽으려 하지 말고,
천천히 이미지를 들어오게 하세요.
On January 24th. 언제 위? 1월 24일,
Apple Computer will introduce
애플 컴퓨터는 소개할 것이다.
Macintosh. 매킨토시를 소개할 거다. 대문자
죠? 뭔가의 이름인 겁니다. 컴퓨터 이름인 거죠.

And you'll see
그리고 여러분은 보게 될 것이다.
why 1984 won't be 왜 1984년이 아닐지.
like "1984" '1984년' 같지 않지를 말하
는 겁니다.
이미지 대충 잡혔나요? 전체적으로 다시 보죠.

1984 won't be like "1984".

1984년은 "1984년" 같지 않을 거다.

On January 24th. Apple Computer
will introduce Macintosh. And you'll
see why 1984 won't be like "1984".
1월 24일, Apple Computer는 소개할 것이
다, 매킨토시를. 그럼 여러분은 보게 될 것이
다, 왜 1984년이 '1984' 같지 않을지.
뒤에 나오는 '1984'는 책《1984년》을 말하는
겁니다. 역시 아는 사람은 저 문구를 제대로
이해할 수 있겠죠?

그럼 안 읽어본 사람은 당황할까요? 아니요. 모르면 읽어보라고 자동으로 추천되는 거죠.
책에서 Big Brother는 절대 권력을 가진 당을 뜻하며 '권력이 TV 화면을 통해 국민을 지켜보고 있
다, 감시 중이다'라는 의미로 쓰인 문구가 바로, Big brother is watching you 입니다.

상황) 누가 나를 계속 지켜봅니다.
#나 왜 봐?
　　　　→ Why are you watching me?
#귀엽게 보여서!
　　　　→ Because you look cute!

#너 빠르더라!
　　　　→ You were fast!
#나 아까 너 지켜봤어.
BE + 잉 기둥이 현재이면 지켜보고 있었다는 것이지만 아까 그러고 있었던 것이니 WAS + 잉
　　　　→ I was watching you before.

그럼 이제 YN 질문 바로 만들어볼까요?
BE + 잉 기둥도 BE에서 움직인 것이기 때문에, WAS랑도 섞일 수 있는 겁니다.
YN Question은 쉬우니 먼저 바로 연습장으로 들어가보죠.

#저번 주에 회담에 계셨었나요?
conference [컨*퍼*런스]=회담

....Were you at the conference last week?

#A: 너 내 여자 친구랑 키스하고 있었어?

.... Were you kissing my girlfriend?

#B: 도대체 뭔 말을 하고 있는 거야?

.... What the hell are you talking about?

#야! 내 목소리가 너무 컸어?
voice [*보이스]

....Hey, was I too loud? / Was my voice too loud?

#그거 뱀이었어?
snake

....Was that a snake?

#내 이름 부르고 있었어?
call

....Were you calling my name?

#아이들이 여기 혼자 있었어?
children

.... Were the children alone here?

#너희들 여기 안에서 담배 피우고 있었어?
여기 금연지역이야.
잠깐! 너희들 맥주도 마시고 있었니?
smoke / no smoking area [에*리아] / beer / drink

Were you smoking in here?

This is no smoking area.

....Wait! Were you drinking beer, too?

이번에는 대화를 더 풍성하게 만들어보죠.
상황) 낯이 익은 남자분께 물어봅니다.

#저기요, 전에 보험 판매원이셨나요?

> insurance salesman [인슈*런스 세일즈맨] <
Excuse me, but~ 하고 들어갑니다.
실례하는 거 알지만 but 하는 거죠.
느낌을 섞어서 말해보세요.

모르는 사람한테 실례인 것 아는데.
excuse me,
그래도 해야겠다. but~

#당신 전에 보험 판매원이었나요?

→ Were you an insurance salesman before?

부정 NOT이 들어갈 때도 똑같이 앞에만 뒤집으면 되는 거 알죠? 대화로 들어가 보죠.
상황) 새 학교가 시작되어 낯을 익히는 중이에요.

#A: 너 오늘 지리 수업에 있지 않았니?

> geography [쥐오그*래*피] <
→ Weren't you in the geography class
   today?

#B: 아니, 나 지리 안 듣는데.

우리는 '듣지 않는다'고 하지만 listen을 써버리면 정말 귀를 사용해서 듣지 않는다, 라는 말이 됩니다. 영어는 take geography.
→ I don't take geography.

#A: 안 들어?

상대방이 I don't take~라 했으니 방금 한 말을 다시 반복해서 질문하면, "You don't?" "안해? 안 들어?"가 됩니다.
→ You don't?

#그런데 얼굴이 매우 낯이 익은데.

> familiar [*퍼'밀리어]=낯이 익은 <
'낯이 익다', 두비에서 be 쪽이죠. 기둥은 지금도 낯이 익은 것이니 BE 기둥 쓰면 되죠?
→ But your face is very familiar.

#B: 그래? 아~ 너 테니스 수업에 있었어?

→ Yeah? Ah~ were you in the tennis
   class?

#A: 어! 거기 있었어!

→ Yes! I was there!

다른 상황으로 들어가보죠.
상황) 파트너가 서랍을 뒤지면서 외칩니다.

#A: 계약서들 어디 갔어?
> contract[컨트*락트]=계약서 <
→ Where are the contracts?

#B: 무슨 계약서?
→ What contracts?

질문에 답 안 하고 혼자서 소리칩니다.

#A: 여기 있었거든!
🦎 뭐가 있었다는 거예요? 계약서죠.
→ They were here!

#B: 확실해?
> sure [슈어] <
→ Are you sure?

#A: 확실해!
"I am sure"보다 더 확실하다고 말할 수 있는
것이 있습니다. I am positive [퍼씨티*브]!
positive는 긍정적인 것을 말할 때 사용합니다.
Yes! I am sure!! 더 강조하면
→ Yes, I am positive!

#B: 잠깐!
→ Wait!
#식탁 위에 있지 않았어?
Weren't they~
어디에 있는 거예요? → on the kitchen table
→ Weren't they on the kitchen table?

#A: 가서 확인해볼게.
→ I will go and check.

어떤 말이든 기둥만 잘 선택하면 됩니다.
두비는 항상 우리말 맨 끝에 위치하고, 두비를 보면 카멜레온은
자동으로 나오죠. 그럼 기둥만 골라내서 레고처럼 단어만 끼워 맞추면
되는 겁니다. 이제 스스로 WAS 기둥 질문을 연습해보세요.

714

최상급

most &
est

'더 적절한, 더 아름다운' 식으로 more 배웠죠?
계속 진행합니다.

#Bungee Jump
→ 번지 점프

상황) 새 안전벨트를 보여줍니다.

#걱정 마. 이 벨트가 더 안전해.

> belt / safe <

Don't worry. This belt is~ '안전한'은 safe이
고, 더~라 할 때 more를 붙이면 되는데 단어
가 짧으면 more의 [얼] 소리만 가지고 왔죠?

→ safer
→ This belt is safer.

미안하지만 이건 더 안전하게 보이진 않아!

보이지 않는 거죠. (스텝 05⁰⁷)
→ I am sorry but this does not look safer!

222

뭔가와 비교하면서 더~라는 것 배웠죠? 단어가 짧을 때는 뒤에 [어]를 붙이고, 길 때는 앞에 more를 붙이는 것! 만들어보세요.

#우리 것이 쟤네들 것보다 더 가치 있어.

> '가치 있는'=valuable [*발류블] <

→ Ours is more valuable than theirs.

그럼 한 단계 더 나가보죠.

#하지만 내 것이 가장 가치 있어.

But mine is~ 가장 가치 있다.

'더'가 아닌, '가장'은 most를 씁니다.

→ But mine is the most valuable.

대신 가장 가치 있는 것이니 하나겠죠? 그래서 특정하게 앞에 the를 붙여 the most valuable.

#저분(남) 것이 가장 가치 있었어요.

→ His was the most valuable.

두문자어
무슨 뜻이죠?
엄친아. 모든 것을 다 잘한다는 엄마 친구 아들.
이런 것이 두문자어입니다.
'머리 두'를 써서 앞 글자만 따서 줄인 약자.
영어와 섞인 말도 있죠.

엄친아

모태솔로
모태솔로.
엄마에게서 태어나면서부터 지금까지 솔로인 상태.
태어나서 지금까지
애인 한 명 없던 사람을 이렇게 부릅니다.
두문자어는 영어로 acronym [아크*로님]이라고 해요.

VIP 들어봤죠? 무슨 뜻이에요?
Very Important Person

MVP는?
Most Valuable Player
가장 가치 있는 선수인 거죠.

223

#가장 위험한 동물
> dangerous [데인져*러스] / animal <
→ the most dangerous animal
#가장 위험한 동물이 뭐죠?
→ What is the most dangerous animal?

#흔한 단어   → common words
common은 '흔한, 공동의'란 뜻.
#가장 흔한 단어가 뭐죠?
→ What is the most common word?

more가 짧은 단어랑 붙을 때는 그냥 [어] 소리만 붙인다면 most는 짧은 단어를 만나면 어떻게 변할까요?
마찬가지로 발음만 따와서 [스트]인데 앞의 단어와 발음이 자연스럽게 연결되기 위해 [이스트]로 붙어요. safe가 safer가 되었던 것처럼 the safest [세이*피스트]가 되는 거죠. 만들어볼까요?

긴 단어	짧은 단어
more difficult [모어]	taller [어]
the most difficult [모스트]	the tallest [스트]

#따라와. 나 지름길 알아.
> follow [*폴로우] / short cut [숄트컷] <
→ Follow me. I know a short cut.

#이게 가장 빨리 가는 길이야.
> quick! 퀵서비스의 [크윅] <
'가장 빠른'은 뒤에 [이스트] 붙여서
→ This is the quickest way.

#이게 가장 간단한 해결법이야!
> simple=간단한 / solution=해결법 <
→ This is the simplest solution!

#저게 가장 쉬운 길일 거야!
That will be~ easy 뒤에 [이스트] 붙이면
the easiest way!

어렵지 않죠? 이제 적응하면 됩니다. 연습장에서 직접 만들어보세요!

#나는 세상에서 가장 운이 좋은 남자였어.
world / lucky man

.... I was the luckiest man in the world.

#가장 편리했어요.
convenient [컨'*비니언트]

.... It was the most convenient.

#올림픽이 가장 큰 운동 축제입니다.
sports / festival [*페스티*벌]

.... The Olympics is the biggest sports festival.

#여기서 가장 가까운 큰 도시는 세인트루이스
(St. Louis)예요.
near / city

.... The nearest big city from here is St. Louis.

#걘(남) 가장 특이한 사람이었어.
odd [어드] / person [펄쓴]

.... He was the oddest person.

한 단계만 짧게 더 나가볼까요? 이미 다 아는 것들입니다.
10개 중 1개 배웠죠? 배운 지 얼마 안 되어서 아직 감이 덜할 겁니다.
이렇게 다시 접하면서 탄탄해지는 것이 외국어입니다.
1 out of 10.

most는 배웠으니 이렇게 배운 것들이 서로 섞이는 것을 접해보죠.
이미지로 상상하세요.

#This idea was the most effective one out of all.

This idea 이 아이디어는
/ was the most effective one
가장 effective [이*펙티브] one이었다.
/ out of all. out of all은 모든 것 중에서.
effective를 알아야겠죠? '효과적인'이란 뜻입니다.

This idea was the most effective one out of all.
이 아이디어는 가장 효과적인 one이었다, 모든 것 중에서. "모든 아이디어 중에서 가장 효과적인 것이었다"라는 뜻입니다. 이제 감정 넣어서 영어로 말해보세요.
#이 아이디어가 전체 중에서 가장 효과적인 것이었다.

#이게 가장 비싼 거야.
> expensive <
→ This is most expensive one.
#내 수집품들 중에서.
> collection [컬렉션] <
→ Out of my collection.
#이게 내 수집품들 중에서 가장 비싼 거야.

#My cousin wasn't the brightest bulb in the box.

My cousin [커즌] 내 친척은
wasn't the brightest bulb 가장 밝은 bulb [벌브]가 아니었어,
in the box. 박스 안에서.
bulb 뜻은 알아야겠죠? → 전구

내 친척이 가장 밝은 전구는 아니었다? 무슨 뜻일까요?

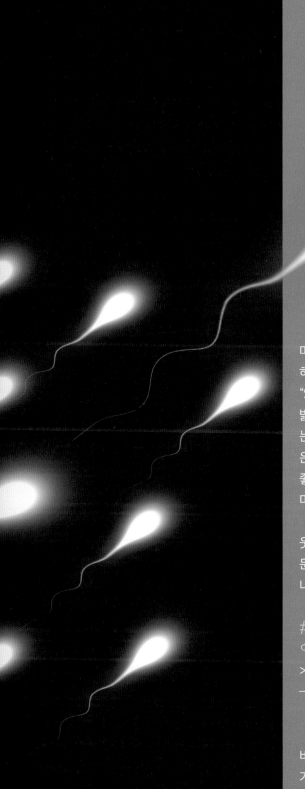

머리가 똑똑하고 빠른 사람은 눈이 초롱초롱
하죠. 그래서 누군가에게 명석하다 할 때
"She is bright!"라고 합니다.
밝지가 않다는 것은, 머리가 좋지 않다고 말하
는 겁니다. 박스 안에 있는 다 똑같은 전구 같
은데, 1개가 이상한 거죠. 평균보다 머리가 안
좋다고 말할 때 이렇게 돌려서 말한답니다. 재
미있죠?

웃긴 농담 하나 만들어볼까요?
둔하고 느린 남자한테 더 이상 못 참고 말합
니다.

#세상에! 1억 마리 정자 중 에서, 네가 가장 빨랐다고?!?
> sperm [스펌] / fast [*파스트] <
→ God! Out of 100 million sperm, you
  were the fastest?!?

비교할 때 많이 쓰는 단어들. 다시 보면서
기둥과 섞어서 만들어보세요.

형용사

문법 : 형용사

이번 스텝은 쉴 겸 문법 용어 하나 추가합니다. 운전을 배울 때 '빨리 다닐 수 있게 사람 없이 차만 다니는 길'이라고 말하는 것보다, '고속도로'라는 단어 하나를 외우는 것이 편한 것처럼 문법 용어 역시 편리함을 위해 도움되는 것만 암기하는 정도면 된다고 했죠?

여러분은 무조건 2개로 나뉘는 동사: do 동사, be 동사를 배웠고 또 모든 것에 명칭을 붙이는 명사도 배웠습니다. 복습할까요?
사람 중 여자는 영어로 woman이라고 명칭을 붙인 거죠? 그런 것을 '명사'라고 했습니다.
'명사' 영어로? noun [나운]

다음 보죠.
beautiful woman 아름다운 여성!
여성을 설명한 거죠.
beautiful 아름다운, 똑똑한 smart,
'아름답다, 똑똑하다' 식으로 행동이 아닌 뭔가를 설명하는 단어들.
이것이 이번에 접할 '형용사'입니다.

'형용사'라는 단어도 애매하죠.
'형용'이란 단어. 요즈음 잘 안 쓰는 말 같지만, 형용할 수 없을 만큼 아름답다는 말 있죠?
형용하다: 묘사하고 설명하는 겁니다. 명사를 설명해주는 단어를 말해요.

원숭이 엉덩이는 빨개.
원숭이 명사,　　　'빨개'가 형용사.
바나나는 길어.　　'길어'가 형용사.
백두산은 높아.　　'높아'가 형용사.
하늘은 파래.　　　'파래'가 형용사.
어렵지 않죠?

228

손에 잡히지 않는 것에 붙인 이름도 명사죠.
자신감. 마음가짐에 이름을 붙인 겁니다.
모든 것에 이름을 붙여야 소통이 가능하기 때
문이죠. 난 자신감을 말하는데 상대는 자만심
으로 잘못 알아들을 수 있잖아요?

자신감처럼 관념으로 인해 생겨난 명사를 추상
적 명사라 부르지만 별로 중요하진 않습니다.

한국어를 배우는 외국인이 '자신감 남자'라고
틀리게 말하면 어떻게 고쳐줄 건가요?
'자신감 있는 남자'라고 하겠죠?
외국인은 '뭐 비슷하군!' 반응할 수 있지만 메
시지 전달은 되어도 언어로만 정확히 본다면
'자신감'과 '자신감 있는'은 확실히 다르잖아요.
뒤에 '있는'이란 단어가 붙어서 다르게 생겼죠.

'자신감 있는'이 형용사인 거예요.
남자의 상태를 설명하잖아요.
'자신감'은   confidence [컨*피던스]
'자신감 있는'은 confident [컨*피던트]

실수로
"Be confidence!"라고 하면 상대에게 자신감
이 되라고 말하는 겁니다.
'자신 있는 상태가 되라'는 "Be confident!"가
어울리겠죠.

뭔가 대상을 두고 그것을 설명하기 위해 단어
를 더하는 것이 형용사.
차가 있는데,
멋진 차.
깨끗한 차.
비싼 차.

설명을 더했죠? '더하다'는 add거든요.
대상 = subject [서브젝트]를 두고,
'설명을 더한다' 해서
add + subject = adjective [아드젝티브]
이게 영어로 형용사입니다. 오히려 영어 용법
이 더 쉽죠? 줄여서 'adj.'라고 쓸 수 있답니다.
동사, 명사와 더불어 이제 형용사라는 용어도
정확히 알게 된 겁니다. 별것 없죠?

too vs. neither

미 투.

들어보셨죠?

나도~라는 말로 배우셨을 겁니다.

#Me Too

#나 영어 할 줄 알아.
→ I can speak English.
#나도 영어 할 줄 알아.
나도, 'Me too', 이 말은 줄임말이고 문장에 넣으면
→ I can speak English too.
이렇게 맨 뒤에 갑니다.

#저 교수님 너무 핫 하셔.
→ That professor is too hot.
이 too랑 다른 거죠? 위치가 다릅니다!

라면을 삶으려 하면서 다른 면 종류를 생각하게 되지 않듯 영어도 말할 때
필요한 단어만 꺼내어 필요한 위치에 넣기만 하면 되니 같은 모양의 단어가
많아도 상관이 없어집니다.

많은 분이 "Me too"를 잘 쓰지만 그런 단답형 대답만 하다 보면 영어가 늘
지 않는다고 했습니다. 이번에는 "Me too"를 전체 문장으로 넣어보죠.

상황) 과자를 너무 많이 먹는 것을 보고 엄마가 나섭니다.
#A: 너 너무 많이 먹는다. 내놔.
→ You are eating too much. Give them to me.

그러자 큰딸이 대답합니다.
#B: 조절할게요.
> '조절한다'는 것은 'control 안에 있겠다'라고 씁니다. <
→ I will be in control.

그러자 숨어 있던 동생이 따라서 말합니다.
#C: 저도 조절할게요.
→ Yes, I will be in control too.
방금 한 말을 따라 말하는 거니 줄여서 "I will too!"라고 해도 되고, 이것이
더 줄여져 "Me too!"가 된 겁니다.

하나만 더 해보죠.

231

#전 일하는 엄마입니다.

> 직장인 엄마. working mom <

→ I am a working mom.

발음을 '워킹'이라 한 분. 한국에서는 '워킹맘'
이라 하는데 이러면 '걷는 엄마'입니다. 부츠를
'워커'라고도 하잖아요.

일은 [*월크]로 [*월킹맘], [*월킹 비자]로
발음해줘야 합니다. 전혀 다른 소리예요.

#저도 일하는 엄마입니다.

→ I am a working mom too.

쉽죠?
너무 간단하니 한 단계 더 나간 후 연습장 들
어가죠.

I	am	a	working	mom.	

I	am	a	working	mom	too.

영어는 카테고리로 나누는 것을 좋아한다고
했죠? 여기서도 마찬가지!

긍정적인 문장에서는 too라고 하지만
부정적인 문장일 때는 too 자리에 단어만 바
꿔치기 해요. **either** [이*더]를 사용합니다.

스펠링 특이하게 생겼죠? either [아이*더]라
고도 잘 말하니 여러분이 편한 것으로 선택하
면 돼요. 예문 보죠.

상황) 전화해서 사장님을 바꿔달랍니다.

#A: 사장님 오늘 여기 안 계셔.
> → The boss isn't here today.

#B: Jay(남)는 있어?
> → Is Jay there?

#A: 아니. J도 없어.
> → No, he isn't here either.

The boss	isn't	here.	
Jay	isn't	here	either.

간단하죠? 그냥 기억만 하면 끝! 여러분이 실수로 too를 넣었다고 해도 다 알아들으니 걱정 마세요.

그럼 좀 더 만들어보세요.

#저는 저분(여) 그렇게 좋아하진 않아요.
→ I don't really like her.

#저도 안 좋아해요.
→ I do not like her either.

"Me too"를 줄인 것처럼 NOT과 either를 합쳐서 "Me neither [니*더]"라고도 한답니다. 이 말을 격식적으로 보는 경향도 있어서 실제 구어에서는 me either를 자주 접하기도 해요.

먼저 정확하게 익히기 위해 연습장에서는 me neither로 만들어보세요.

#너 이거 못 가지고, 저것도 못 가져.

You can't have this, and you
.... can't have that either.

#Mark 수영 못 해. 나도 못 하고!

.... Mark can't swim. And I can't swim either!

#A: 나 돈 없어.

.... I don't have money.

#B: 나도.

.... Me neither.

#이건 예뻐 보이진 않는다. 싸지도 않네!
pretty / cheap

....This doesn't look pretty. It isn't cheap, either!

#너 옛날 노래 많이 아네.
우리도 옛날 노래 좋아하는데.

You know many old songs.
....We like old songs, too.

#A: 어느 나라 사람이세요?

.... Where are you from?

#B: 한국에서 왔습니다.

....I'm from Korea.

#A: 제 남편도 한국인인데!

....My husband is from Korea, too!

마지막으로 대다수가 한 번쯤은 틀려본 실수.
좋네요, 당신을 만나는 것이~
  → It is nice to meet you.
우리말로 자연스럽게 번역하면
당신을 만나서 좋네요! (만나서 반갑습니다!)
  → It is nice to meet you.

상대방도 말합니다.
저도 당신을 만나는 것이 좋군요.
  → It is nice to meet you too.

자! 이것을 줄여서 "저도요"라고 말하면서 "Me too"라고 말하는 분들!
이건 "It is nice to meet me too"가 되는 겁니다.
나도 나를 만나는 것이 좋다고 하는 거죠.

영어로는 "You too"라고 해줘야 합니다.
It is nice to meet you too.
뒤를 잘라서 쓴 거죠.
지금까지 "Me too"라고 하신 분 많죠?

마찬가지로 "I love you!" 할 때
"나도 너 사랑해!"를 줄여 **"나도!"** 하면 우리는 그냥 "Me too" 하지만,
이것 역시 풀면 "I love me too"가 되는 거죠.
너 나 사랑해? 나도 나 사랑하는데.

나도 **너** 좋아한다고 할 때는 "I love you too"를 줄이면
"You too"가 되는 겁니다. 하지만 원어민도 틀리게 사용하는 사람들 많아요.

보통 '사랑해'는 큰 감정이니 대부분 풀어서 답한답니다.
A: I love you.
B: I love you too.

7 17

전치사 / 부사

Over

이번 껌딱지는 이미 한번 접했습니다.
over there 언제 쓰죠? there를 넘을 때 쓰는 거죠.

오버하네.
뭔가 기준이 있는데, 그 기준선을 넘을 때 사용합니다.
there에서 over there도 마찬가지예요.

over가 껌딱지로 다른 곳에도 활용되는지 접해볼게요.
먼저 간단하게 만들어보세요.

#쟤네(여) 집에 가봐!
→ Go to her house!
방향 껌딱지인 to 사용해서 방향 제시했죠.
이번엔 누군가 이렇게 말합니다.

Go over to her house!
go와 go over, 차이? 별로 없어요.
go 하는데 어떤 공간이 중간에 있어서 넘어가야 한다는 느낌에 over를 써준 겁니다.
집이 먼 곳에 있는 경우에 자주 씁니다. 사이에 공간이 넓게 있다는 느낌이 들면 쓰는 거지 꼭 써야
만 하는 건 아닙니다. go라고만 해도 문제없습니다.

"Sit down!"과 "Sit!" 같은 상황인 거죠.
껌딱지는 이렇게 느낌으로 만들어진다고 했죠. 우리 이제 감으로 많이 익혔는데 한번 되돌아볼까요?

읽으면서 느낌 떠올려보세요.
up, down, in, out, at, on, to, from, with, without, of, off, for, under, like, through, about,
than, before: 19개나 접했네요. into까지 20개.
영어에서 자주 쓰이는 것들은 대부분 배웠기 때문에 이제 남은 것들은 쉬운 것뿐이에요.
그럼 대화를 짧게 해볼까요?

상황) 동료가 항상 울타리를 넘어 다녀 같이
다니기 불편합니다.
#A: 울타리 좀 안 넘어 다닐 수 없어?
> fence / climb [클라임] <
Can you NOT~

 울타리를 넘으려면 올라가야 하죠?
'등산하다' climb으로 잘 씁니다.

extra climb은 타고 올라가기만 하는 건
데, 넘어가는 것까지 나와야 하니
over를 씁니다.
그래서 → over the fence
→ Can you not climb over the fence?

#왜 문을 못 사용해?
→ Why can't you use the door?
#바로 저기 있잖아!
뭐가 저기 있어요? 문인데 반복 안 하고
→ It's right there!

그러자 동료가 말합니다.
#B: 잔소리 좀 그만해!
> '잔소리하다'는 nag <

 Stop~

extra 잔소리하는 것을 그만하라는 거죠,
→ nagging

→ Stop nagging!

237

어렵지 않죠? 아래 문장을 영어로 말해보세요.

#모든 사람이 죽어가는 중이
었어요.

→ Everyone was dying.

#(모든 사람인데) 40세 이상
의 모든 사람이 죽어가는 중
이었어요.

→ Everyone over 40 was dying.

모든 사람이 다 죽어가는 것이 아닐 때는 영어
로? 아주 간단합니다.

모두 다 죽어가진 않았어요.

→ Not everyone was dying.

쉽죠? 그럼 다음 문장을 직접 만들어보세요.

#40세 이상의 모든 사람이
다 죽어가진 않았어요.

→ Not everyone over 40 was dying.

이런 말은 초반에는 쉽게 나오지 않습니다.

기본적인 것들을 탄탄히 해놓으면 뇌가 소화
하면서 다음 레벨 말들이 입 밖으로 나옵니다.
쉽다고 무시하지 말고 입 밖으로 탄탄히 해나
가면서 새로운 것을 동시에 접하면 돼요. 그러
다 보면 나도 모르게 쌓입니다. 우리가 이제
껍딱지 20개를 쌓은 것처럼 말이죠.

자, 편지 쓸 때 앞장 다 쓰고 뒷장을 쓸 때도 있
죠. 그럴 때 오른쪽 밑 코너에 남기는 글귀가
있답니다.

P.T.O. 줄임말입니다.

#Please turn over.

turn은 '돌리다'죠.
over. 종이가 기준이면 넘긴다는 거고요.
우리말로는 "뒤로 넘기세요"가 되겠네요.
간단하게 종이 맨 밑에 P.T.O.로 표시해놓는
겁니다.

"뒷면을 보세요. 이면을 보십시오"라고 번역하
지만 영어로는 see가 아닌, turn over 하라는
거죠. 풀어서 말해보세요.
P.T.O.
Please turn over.

238

보면 "Go up!"처럼 간단하게 over를 붙여 새로운 단어 뜻을 만드는 거죠?
'넘어가다' → go over, climb over.
'넘기다'   → turn over 등으로요.
이제 연습장에서 만들어보세요.

Tim 왜 여기 안 와 있어? 가서 걔네 집 확인해봐!
조건: be 쪽으로 만드세요.

Why isn't Tim here?

....Go over and check his house!

#다음 장으로 넘기세요.

Please turn over.

상황) 딸아이가 저녁에 현관문 쪽으로 나갑니다.
#A: 어디 가니?

Where are you going?

#B: 제 친구네 가요. (99%)

I'm going over to my friend's.

#이게 얼마나 넓은지 봐봐! 우리 이 개울 점프 못 해.
wide [와이드] / stream [스트*림]=개울
Hint: WH 1

Look at how wide this is!

....We cannot jump over this stream.

#저분(여) 70세 넘으셨지, 그렇지?
70세처럼 안 보이지 않아? 진짜 젊어 보이신다.

She is over 70 years old, isn't she?
She doesn't look 70, does she?
She looks really young.

239

over는 또한 단어 머리에 붙어 재활용될 수 있답니다. 만들어보세요.

#밖에 나가서 네 친구(남) 좀 도와줘.
→ Go out and help your friend.
#밖에서 오바이트 하고 있더라.
오바이트. 일본에서 만들어진 단어인데 원래 영어로 over-eat입니다.
over-eat [오버 잇트]가 [오바 이트]가 된 거죠. 일본어 단어의 10%가 영어로 만들어졌다고 하는
데 그중 하나인 것 같습니다. 그런데 overeat은 '과식하다'이지, '구토하다'가 아닙니다.

영어로는 throw up [*쓰*로우 업], vomit [*보밋]이 '구토하다'인데, 양쪽 다 해보죠.
#밖에서 오바이트 하고 있더라.
기둥은요? 마지막에 봤을 때 그러는 중이었으니 WAS + 잉 기둥이 어울립니다.
→ He was throwing up outside. / He was vomiting outside.

영어로 overeat은?
eat 기준에서 over 해서 먹다. 그래서 '과식하
다'라는 뜻입니다.
#너 근래에 과식하네.
> these days=근래에 <
DO 기둥까지는 아니고, 요즘 그러는 중이니 BE + 잉 기둥.
→ You are overeating these days.

#우울증이 과식을 초래할 수 있는데.
> '우울증'은 depression [디'프*레션]
'초래하다'는 영어로 간단해요, lead [리드] <
lead 뒤에 꼬리 er을 붙이면 leader [리더], 이끌어주는 '리더'를 말합니다.
이 lead를 써서 '우울증이 당신을 과식한테 이끌어주는 겁니다'.
Depression can lead to 과식.

'과식하다'는 overeat. 이 do 동사를 명사로 만드는 간단한 방법은?
뒤에 [잉] 붙이기.
→ Depression can lead to overeating.
실제 이렇게 쓴답니다. over로 단어 더 해보죠.

#공부는 열심히 하는데 너무 무리하진 말아.
> '무리하다'는 overdo. do 하는데, over 해서 하는 거죠. 간단하게 새로운
단어를 만들죠? <
→ Study hard, but don't overdo it.

over로 만든 또 다른 단어를 접해보죠.

영화에서 "Action!"이란 말 쓰죠?
act는 '연기하다'도 되지만
'행동하다'라는 뜻도 됩니다.
그래서 action movies는
움직임이 많은 영화들이죠.

그런데, 처음부터 내가 행동한 것이 아니라 뭔가 일어난 일에 대해 반응하며 행동할 때는 action이
라 하지 않고, reaction이라고 합니다. 단어 머리에 RE를 붙이면 '다시'라는 느낌이 들어간다고 했
죠? 행동인데, 다시 행동하는 거니까 '반응'인 거죠.

뒤에 [션] 빼버리면 react, '반응하다'.
이 앞에 over 붙이면 **overreact**, 무슨 뜻일 거 같아요?

'오버해서 반응하다', '과잉반응하다'입니다.
영어가 웃기죠? 만들어보세요.

상황) 상대방이 내 말에 오버하며 반응합니다.
#너 지금 과민반응이거든!
지금 그러는 중이니 BE + 잉 기둥으로 만들어준 거죠.
→ You are overreacting!
우리는 꼭 과민반응이라고 쓰지 않아요. 별거 아닌 걸로 화낼 때,
#난리치지 마라! (과잉반응하지 마라!)
→ Do not overreact!

이미지로 충분히 상상 가죠? 영어는 이렇게 단어들을 잘 만들어낸답니다. 이런 단어들은 다시 보면
알아보기 쉽겠죠? 그럼 이제 배운 단어들로 기둥을 바꿔가며 질문이나 부정 등으로 만들어보세요.

718

WH Q 들어갑니다.
질문 앞에 WH만 넣으면 쉬우니
기둥 좀 돌리면서 만들어보죠.

상황) 참견하며 조언하던 사람이 떠난 후
#A: 쟤 우리한테 조언해주고 있었던 거야?
> advice [어드'*바이스] <
→ Was he giving us advice?

#조언이 뭐였어?
→ What was the advice?

#B: 몰라. 안 듣고 있었어.
상대방이 말하는 동안 난 계속 안 듣고 있었던 거니까 WAS + 잉 기둥을 써주면 전달이 잘되겠죠?
→ I don't know. I wasn't listening.

#너 미성년자처럼 보이는데.
You look~ '미성년자'라고 검색하면 minor [마이너]로 나와요, You look like minor!
야구에서 메이저리그 들어봤죠? 작은 리그는 마이너리그라고 하는데 그 minor라고 생각하면 돼요.
하지만 보통은 minor보다 under age라고 해서 under 껌딱지를 사용합니다.
→ You look under age.
age는 나이였죠? 성인이라고 정해진 나이 아래에 있는 거죠.

242

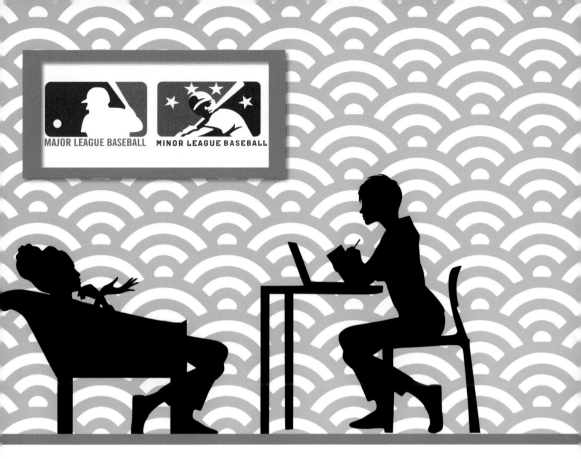

#18세 안 넘었지?

You are not~ 'under'의 반대말은?

extra over → over 18, are you?

→ You are not over 18, are you?

상황) 항상 거만하더니 어제는 웬일로 겸손하게 굴어서 오늘 만나 이유를 묻습니다.

#어제 너 왜 다르게 굴었어?

Hint. 달라져! Be different! 너 (평상시랑) 다르게 굴고 있어. You are being different. 힌트 끝!

→ Why were you being different yesterday?

#겸손하게 굴었잖아.

> humble [험블]=겸손한 <

→ You were being humble.

#(그 행동이) 너 같지 않았어.

→ It wasn't like you.

WH Q는 자주 했으니 이제 다양하게 만들어보세요.

#어제 강의 어땠어요? 지루했나요?
lecture [렉쳐] / bore

....How was the lecture? Was it boring?

#A: 너 어디 있었어?

.... Where were you?

#B: 네 방에 있었지.

....I was in your room.

#A: 내 방에서 뭐 하고 있었던 거야?

....What were you doing in my room?

#B: 영화 보고 있었지. 왜? 왜 물어보는 거야?
movie / ask

I was watching a movie. Why?
....Why are you asking?

#왜 저기 혼자 서 있었던 거야?
alone / stand

....Why were you standing there alone?

#너 아팠어? 언제 아팠었는데?
sick

....Were you sick? When were you sick?

#저 사람 누구였어?

....Who was that (person)?

#첫 키스는 언제였어요?
first

....When was your first kiss?

상황) 아는 동료가 어제 무슨 행사가 있었다고
했는데 정확히 기억은 안 날 땐 이렇게 묻죠.

#A: 어제 그거 어땠어요?

> thing [*씽] <

→ How was the thing yester-
day?

#B: 좋았어요.

→ It was good. 이렇게 대답한 후
영어에서 잘 하는 말이 있어요.

Thank you for asking.

굳이 그럴 사이 아닌데 기억하고 물어봐줘서
고맙다고 말하는 겁니다. 우리에게 존댓말이
있듯이 이런 것이 영어의 예의입니다.

상황) 발표 후 동료한테 묻습니다.

#A: 나 어땠어?

→ How was I?

#B: 잘했어!

→ You were good!

발표가 좋았다고 하면 'You' 대신 'It'

→ It was good!

상대가 성의없이 대충 답한 것 같아 진중하게
말해달라 요청할 때 영어로는
seriously [씨*리어슬리]라고 합니다.
serious는 '심각한'이란 뜻이죠?

No. seriously. 농담 말고, 진짜로 말해봐.

properly보다는 seriously라고 하면서 상대의
마음가짐을 그렇게 해달라는 거죠.
대충 한 대답이 아니었을 때는,
"I am serious!" 라고 답하면 됩니다.
진짜야! 진지하게 말한 거야! I am serious!

마지막으로 대화를 만들어보고 정리하죠.
상황) 누군가와 대화 중인 동료한테 걸어가는
데 동료와 이야기하던 남자가 떠납니다.

#A: 누구였어요?

→ Who was that?

카멜레온이 that인 이유는 그 사람이 갔기 때
문에 손가락으로 가리킨 것처럼 that을 쓰는
겁니다.

#B: 자기 아이디어를 나한테
팔려고 하더라고요.

팔지는 못하고 시도만 한 거죠? try 쓰면 해결!

→ He was trying to sell me his
idea.

#A: 무슨 아이디어였는데요?

→ What idea was it?

#B: It was just a sales
pitch.

그냥 세일 피치였어요.
야구에서 투수가 던질 때 pitch 한다고 합니
다. 잡을 수 있게 투구하는 거죠.
세일 피치는 상대방을 설득하려고 말하는 세
일 토크입니다. 투자자에게 아이디어를 선보
여 투자 유치를 해내는 과정도 pitch라고 합
니다.
바쁜 투자자 앞에서 아주 짧은 사이에 상품이
나 그 가치에 대해 빠르고 간단하게 설명하는
발표를 elevator pitch라고도 해요. 엘리베이
터가 움직이는 2~3분 안에 상대방을 설득할
수 있는 것을 말하는 거죠. 말이 재미있죠?

그럼 WAS 기둥으로 WH를
계속 만들어보세요.

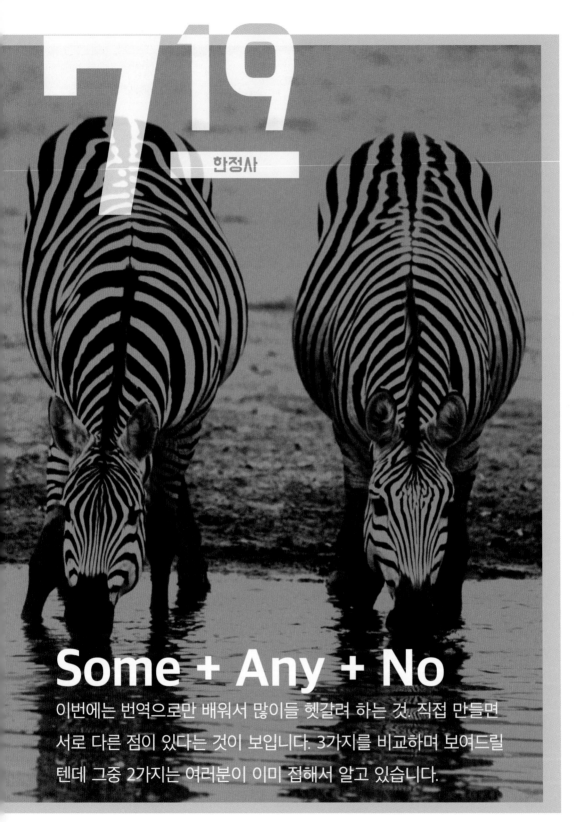

7.19

Some + Any + No

이번에는 번역으로만 배워서 많이들 헷갈려 하는 것. 직접 만들면
서로 다른 점이 있다는 것이 보입니다. 3가지를 비교하며 보여드릴
텐데 그중 2가지는 여러분이 이미 접해서 알고 있습니다.

다음 문장을 영어로 말해보세요.

#A: 우리한테 돈이 얼마 있죠?
→ How much money do we have?
많은 것은 아니고, 그렇다고 적은 것도 아닌,
#B: 돈 좀 있어.
→ We have some money.
some은 이런 느낌이라고 했죠. 딱 꼬집어서 말하는 것이 아니라, 그냥 어느 정도.

그럼 이 말은요.
#No, you are wrong. We have no money.
우리가 가지고 있는 것이 아예 no money. 돈 자체가 없는 거죠. 한국어는 이렇게 말을 만들 수
없지만 영어는 구조에 맞아떨어지기 때문에 가능한 이 문장. 배웠죠? a ship과 no ship.
계속해서 만들어보세요.

#넌 와이프도 없고.   → You have no wife.
#여자 친구도 없고.   → You have no girlfriend.
#머리카락도 없고!   → You have no hair!
#희망도 없고.   → You have no hope.
#아무것도 없잖아!   → You have nothing!
아예 no-thing! nothing!

We have no money를
We don't have money로도 만들 수 있죠.
하지만 NO MONEY가 더 기억에 남겠죠. 소리 자체가 이미 no라고 하잖아요.
다음 문장을 만들어보세요.

#당신은 양심이 전혀 없군!
> conscience [컨션스]=양심 <
→ You have no conscience!

자! some과 no는 알았으니 하나만 더 해보죠.
바로 **any** [애니].

핸드폰 이름 가운데 애니콜 있었죠? 그 애니가 바로 any입니다. call은 통화를 말하죠.
call은 '통화하다'도 되고 위치를 바꾸면 '통화'라는 명사도 됩니다.
Any call은 '어떠한 통화'라는 뜻입니다. 어떠한 통화가 뭘까요?

알래스카에서 전화가 오든 지하에서 오든 그 어떤 통화도 다 any call인 겁니다. 다시 말해 그 어떤
통화라도 이 핸드폰이 다 받겠다는 거죠.
any는 그렇게 '어떠한 것도, 어떠한 사람도' 하는
느낌입니다. any ship이라고 하면 작은 배든, 망
가진 배든 아무 배 한 척을 말하는 거예요.
문장에서 사용해보죠.

#돈 내놔!
→ Give me money!
#나 돈 전혀 없어!
→ I have no money!
#거짓말하는 거 아니야!
→ I am not lying!

나 돈 한 푼도 없어.
한 푼. 그 어떠한 돈도 없는 거예요. 동전도 없고,
지폐도 없고. any를 쓰면 그런 느낌이 드는 거죠.
→ I don't have any money!

보세요. 그 어떤 돈도 없다,
I don't have any money.
메시지는 no money와 같고, 차이점은 느낌일 뿐
입니다. no money는 '돈 자체가 없다'고 말하고
any money는 '돈이 한 푼도 없다, 그 어떤 돈도
없다'고 말하는 겁니다. 선택은 여러분 몫이에요.

자, 그럼 **body**가 뭐죠? 몸이죠.
#A body is in the river.

몸이 강에 있다? 무슨 뜻일까요? '시신'을 body라고 잘 표현합니다. a body이니 시신이 하나 있었던 거죠. 단어를 더 아는 분은 '시신'이라고 하면 corpse [콜프스]를 사용할 것 같지만 corpse는 약간 으스스한 느낌이 듭니다. 송장 같은 느낌인 거죠.

a body: 영어는 수를 좋아해 셀 수 있을 때는 하나를 나타내는 a를 앞에 써주지만, 수가 중요치 않고, 확실히 꼬집어 말하지 않아도 될 때는 some을 사용한다고 했죠?
재활용 들어가볼까요?

a body에서 a를 some으로 바꾼 후 붙이면
somebody
이러면 그냥 누군가를 말하는 겁니다.
꼬집어서 누구인지는 중요치 않고 그냥 누군가인
somebody인 거죠. 그 사람이 중요하지 않다는
것이 아니라 그 사람이 누구인지가 중요하지 않
다는 겁니다.

somebody
적용해볼까요?

상황) 1층에서 커피 마시고 있는 나에게 동료가
오더니 말합니다.
#너 사무실로 올라가봐.
　　　→ Go up to your office.
#누가 너 기다리고 있던데.
누구인지는 모르지만 누군가 기다리고 있는 거죠.
　　　→ Somebody
　　　지금 기다리는지는 모르니 보통은 내
가 봤을 때 기다리는 중이었다 해서 WAS로 잘 말
합니다. → was
　　　기다리는 중이었죠. → waiting
　extra　바로 안 들어갑니다. 널 위해 기다리
는 겁니다. wait는 껌딱지가 필요해요, for you.
　　　→ Somebody was waiting for you.

#Walt Disney

월트 디즈니. 지금은 대기업 이름이지만 원래 학교도 못 다니면서 굉장히 힘들게 어린 시절을 보낸 후 자수성가한 미국인의 이름입니다.

Giantland (1933) [Short Film]
Directed by Burt Gillett (Disney)

뭐가 떠오르나요? 영어로?
What comes to your mind?
이미지 그려지세요?

'떠오르다'는 come to your mind라고 잘 씁니다. 그걸 보면 항상 떠오르는 것이 뭐냐 해서 DO 기둥으로 묻는 거죠. 직접 만들어보세요.

#뭐가 떠오르나요?

Disneyland, Mickey Mouse, Disney movies

디즈니 애니메이션 중 세계적으로 처음 흥행한 것이 〈라이온 킹〉이랍니다. 손으로 그린 애니메이션으로 최고의 성과를 냈다고 하네요. 〈라이온 킹〉 스토리 가운데 죽은 아버지를 두고 도움을 요청하며 울부짖는 장면이 나옵니다.

#Help! Somebody!
꼭 지정된 사람이 아닌 아무나 부르는 거죠.

그런데 아무도 안 나타납니다. 그러자 다시 외칩니다.

Anybody!
이땐 누구라도 상관없으니 아무나, anybody! 어떤 사람이든 나타나라는 거죠. 하지만 그 누구도 나타나지 않습니다. body 자체가 없으니, nobody인 겁니다.

The Lion King (1994)
Directed by Roger Allers, Rob Minkoff

이것이 some과 any와 no의 차이랍니다. 이 스토리로 연결해서 기억하세요!

somebody를 someone이라고 할 수도 있습니다. one은 하나죠. 존재 한 명이라 해서 one을 사람한테 잘 쓰거든요. anybody도 anyone, nobody도 no one. 대신 no one은 띄어 쓸 수밖에 없습니다. 붙여 쓰면 'noone', 바로 이어서 봐도 복잡해 보이죠? 그러니 띄어서 no one.

이제 연습장에서 직접 만들어보세요. any와 no는 우리말로는 비슷할 수 있으니 비교하며 만들어볼게요.

#이곳에서 뭔 일이 일어나고 있어요.
place / happen

.... Something is happening in this place.

#이곳에서는 아무 일도 일어나고 있지 않아요.

.... Nothing is happening in this place.

#뭐 필요한 거 있으세요?
need

.... Do you need something?

#어떤 것이든 필요한 거 있으세요?

.... Do you need anything?

#난 아무것도 없어!

.... I have nothing! / I don't have anything!

#어떤 것이든 하겠습니다. 그냥 기회만 주십시오.
chance=기회 / give

.... I'll do anything. Just give me a chance.

#난 아무것도 안 할 거야.

.... I will do nothing. / I won't do anything.

#난 뭔가 할 거야.

.... I will do something.

#그 누구도 환영합니다.
welcome [웰컴]

.... Anyone is welcome.

#그 누구도 환영하지 않습니다.

.... No one is welcome.

251

다음 문장을 번역해볼까요?

#Every 2 seconds someone needs blood.

→ 2초마다, 누군가는 피를 필요로 한다.

뻔히 보여서 배경으로 깔아도 콤마가 안 들어가는 겁니다.

someone. 그 사람이 baby인지, father인지 정확하게 누군가를 설정하는 게 아닌 그냥 someone.

#그것이 여러분이 될 수 있습니다.

→ That can be you.

#어떤 사람이든 될 수 있어요.

→ It can be anybody.

#Every 8 seconds someone dies.

→ 8초마다 누군가가 죽습니다.

#from smoking. 어디로부터?

→ 담배를 피우는 것에서부터.

흡연으로 8초마다 죽는다는 거죠.

#그 누구도 안전하지 않아요, 흡연으로부터.

→ Nobody is safe from smoking.

#Every 70 seconds someone develops Alzheimer's.

→ 매 70초마다 누군가가 발전시킨다고 하네요. 뭐를요? 알츠 어쩌고저쩌고를.

대문자로 시작하니 뭔가 이름인데 이럴 때는 사전을 찾아보면 되죠?

알츠하이머: 치매 중 서양에서 가장 발생률이 높은 치매.

'치매'는 dementia [디'멘샤]라고 합니다.

우리가 '치매'라는 단어를 잘 쓰듯 영어 하는 사람들은 Alzheimer's를 씁니다. 대문자로 시작하는 이유는 이 병을 연구한 독일의 박사 이름이 Alzheimer이기 때문입니다. 이 사람이 연구했을 당시에는 극소수에 불과한 질병이었지만 오늘날 85세 이상의 거의 절반이 영향을 받는다고 합니다. 왜 뒤에 어포가 붙었느냐고요? 안 줄인 말은 Alzheimer's disease.

세상에 없던 새로운 것을 발견하거나 만들어낼 때 서양은 당사자의 이름을 따서 잘 붙이죠? 병원에서 맞는 링거도 Ringer's. Ringer는 영국 의사의 이름. 전기 몇 와트 할 때 그 watt는 영국 스코틀랜드 물리학자 James Watt의 이름을 딴 거랍니다. 우리 주위에도 이렇게 많이 있는 거죠. 재미있죠?

자, 많은 영어책에서 some + any + no 설명을 some은 긍정문, 권유, 요구 의문문에 쓰이고, 긍정의 대답을 예상하는 의문문에 쓰이는 반면, any는 부정문에, 의문문에, 어떠한~이라는 뜻일 때 쓰는 긍정문에 쓰이고, no는 not any로 바꿀 수 있다고 설명이 나옵니다.

영어를 아는 제가 봐도 순간 복잡하고 어려워 보입니다.
아는 것도 헷갈리게 하는 설명이 화려하다고 거기에 빠지지 마세요.
사자의 외침: Somebody! Anybody! Nobody! 이렇게 기억하세요!

7²⁰

쉬운 날치 들어갑니다.
껌딱지처럼 쪼끄만데
자기만의 역할어 따로 있어요.
영어로 만들어보세요.

#생일 축하드립니다!
→ Happy birthday!
#감사합니다.
→ Thank you.

그런데 제 생일이 사실 3주 전이었는데.

But my birthday was~

extra **3주 전.** 영어로? **ago** [어고]
→ 3 weeks ago
→ But my birthday was 3 weeks ago.

정정해준다는 느낌까지 하나 붙여줄까요?
→ But my birthday was actually 3 weeks
ago. / Actually, my birthday was 3
weeks ago.

바로 이 ago!
간단하죠? 쭉쭉 만들어보죠.

#2주 전   → two weeks ago
#13개월 전   → 13 months ago
#17년 전   → 17 years ago
#19시간 전   → 19 hours ago

ago는 이게 다입니다. 대화 들어가보죠.

255

상황) 대리님과 함께 있는데 대리님 여자 친구가 다른 사람과 지나갑니다.
#A: 저분 대리님 여자 친구 아니었나요?
→ Wasn't that your girlfriend?
사람한테도 this, that 한다고 했죠.
#A: 제 결혼식 때 같이 있지 않았었어요?
→ Weren't you with her at my wedding?
#B: 네. 제 애인이었어요.
→ Yes, she was my girlfriend.
#아주 오래전에.
Yes, 다음에 '오래'는 a long time.
'아주 오래전'에는? → a very long time ago
→ Yes, a very long time ago.

하나만 더 하고 연습장 들어가죠.
#2달 전에 the love of my life와 전 함께 있었어요.
그냥 the love도 큰데, the love of my life.
내 인생의 사랑, 내 인생 최고의 사랑이란 느낌입니다.

2달 전에, 배경으로 깔아줘도 당연히 되죠?
Two months ago,
'함께 있었다'니까 WAS 기둥으로 가주면 돼요.
I was~ 함께 있었으니까, 껌딱지 뭐요?
→ with the love of my life
→ Two months ago, I was with the love of
my life.

> Two months ago,
>
> I was with the love of my life.

ago를 배경 말고 엑스트라로 붙여 뒤로 보내버리면
I was with the love of my life two months ago.
이것도 같은 뜻이 되는 겁니다.

#그런데 지금은 그 사람(남)
이 어디 있는지를 모르겠어요.
WH 1입니다.
→ But now, I don't know where he is.
WH 1은 계속 직접 만들어보세요. 그럼 ago
연습해보죠.

> But now, I don't know where he is.
>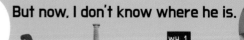
> WH 1

#그분(남) 여기 일주일 전에 계셨었는데,
지금은 어디 계신지 몰라요.

He was here a week ago, but I
.... don't know where he is now.

#늦으셨네요. 콘서트는 이틀 전이었는데.
late [레이트] / concert

....You are late. The concert was 2 days ago.

#마감일이 6개월 전이었습니다.
deadline [데드라인]

....The deadline was 6 months ago.

#지난번 올림픽은 1년 전이었는데요.
last

....The last Olympics was a year ago.

#내 생일 2주 전이었어.

.... My birthday was 2 weeks ago.

#1분 전에 여기 뭐 있었었는데. 어디 갔지?
(be로 사용)

....Something was here 1 minute ago. Where is it?

#쟤(여)는 오래전에 내 여자 친구였지.
지금은 우리 그냥 좋은 친구야.

She was my girlfriend a long time ago.
.... We are just good friends now.

257

7²¹

TO 부정사

It's easy
to judge

258

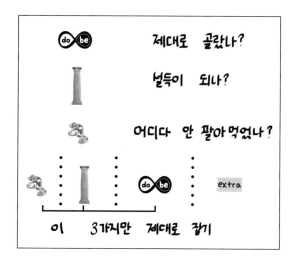

제대로 골랐나?

널득이 되나?

어디다 안 팔아 먹었나?

extra

이 3가지만 제대로 잡기

7번까지 오니 기둥 틀에는 감이 잡히기 시작했죠? 그래서 7번 기둥 트랙에서는 헷갈려 하는 작은 것들도 접해봤습니다. 헷갈리는 부분을 한다는 것은 그만큼 여러분 영어가 탄탄해지는 레벨에 들어선 것입니다. 초반에 헤매던 것 기억나세요?

두비 고르세요! 그리고 엑스트라 붙이세요! 카멜레온은? 우리말은 숨으니 조심!

두비, 카멜레온, 기둥. 어떤 문장이든 헷갈리면 항상 저 3개를 확인하면 됩니다. 그것을 바탕으로 WH 1, TO 다리, 동명사 [잉] 등 복잡한 구조들이 파생되었죠. 기본이 쉽게 나와야 그다음에서 버벅대지 않고 제대로 엮을 수 있다는 것 잊지 마세요.

복습한 김에 TO 다리 또 들어가볼까요? 중요하니 호흡을 길게 하세요. TO 다리는 한 가지 느낌이지만 우리말로 번역하면 용도가 다양해 보여서 아는 것만으로는 사용을 안 하는 경우가 있어 일부러 스텝을 나눴답니다. 만들어보세요.

복습!
#배워!
→ Learn!

#영어 배워!
→ Learn English!

상상합니다.
영어를 배운다는 것.
배운다는 것. '배우다'는 learn이니 TO 다리로
한 걸음 가서 **To learn English.**
잠깐! 이거 [잉]으로도 만들 수 있지 않나요?
당연히 'Learning English'도 됩니다!
메시지를 전달하는 방법은 다양하니 꼭 하나
만 된다고 보지 말라고 했죠? 이미지가 똑같
이 그려지면 [잉]으로도 쓸 수 있는 겁니다.

이제 다음 문장을 영어로 만들어볼까요?
#어렵지 않아.
 카멜레온이 숨었죠? 뭔가가 어렵지
않다고 하는 것이니 그냥 it으로 가
주면 됩니다.
→ It is not difficult.
그럼 다음 문장!

#영어를 배운다는 것은 어렵지 않아.
뭐가 어렵지 않은 거예요?
 영어를 배운다는 것. To learn
English. It 대신 그 자리에 그대로
넣어줄 수 있답니다.
→ To learn English is not difficult.
이렇게 TO 다리도 카멜레온 자리에 다 넣습
니다.

대신 이렇게 TO 다리로 시작하는 구조는
옛 영어에서는 자주 볼 수 있었지만, 현대영어
대화체에서는 일반적이지 않아요. 지금은 엑
스트라처럼 뒤로 빼서 사용한답니다.
→ It is not difficult to learn English.

 extra   extra
It is not difficult **to learn English.**

To learn English **is not difficult.**

카멜레온 자리에 it은 결국 빈 통인 거죠.
그래서 문법 용어로 저 it을 주어 중 가주어라
부른답니다. 가짜 주어인 거죠. 웃기죠?
이게 다예요. 이제 연습해서 적응하면 끝.
계속 가죠.

#영어로 말해!
→ Speak English!

#시간이 걸려.
> 시간이 걸리다=take time <
항상 그런 것이니 DO 기둥 써서,
→ It takes time.

#영어로 말하는 데는 시간이 걸립니다.
It takes time~ 뭐 하는 데 시간이 걸린다고요?
extra   한 걸음 더 나가서 '영어로 말하는
데' → to speak English
→ It takes time to speak English.

이 말을 한국어로 만든다면?

'영어로 말하는 것'은 시간을 요한다.
'영어를 한다는 것'은 시간을 요하는 일이다.
'영어 하는 데'는 시간이 걸려.

이 말들이 다 'to speak English'인 거죠.

to do와 doing의 차이 보세요.
to do는 '해야지' 하면서 움직이는 느낌이 듭니다.
doing은 이미 하고 있는 것입니다.
이 차이를 자꾸 기억하면서 TO 다리를 연습하세요.

그럼 다음 단어들을 영어로 말해보세요!
#유명세   → fame [*페임]
#인기   → popularity [퍼퓰라*리티]
#명예   → honor [어너]
* honor에서 h는 발음이 없습니다. 소리가 안 나는 묵음
이에요. honor는 영광, 명예, 신용 등 가장 높은 자질을
가진 사람에게 설명되는 단어예요.

상황) 존경하는 사람을 만나게 되었습니다.
#당신을 만나 뵙는다는 것은 영광입
니다.
만나기 위해 다가가며 말합니다.
To meet you is an honor.
현대식으로 말한다면?
→ It is an honor to meet you.

이래서 처음 만나는 사람에게 하는 인사로 다 아는 말,
Nice to meet you!
It is nice to meet you! 같은 구조인 거죠.

'It is nice to meet you'가
to meet you = is nice에서 왔다는 것, 이제 보이죠?
to meet you 만나는 것, 그것이 nice라 말하는 거죠.

To meet you	is	nice.
=		

It	is	nice	to meet you.
=			

이번에는 질문도 해볼까요?

#꼭 그래야만 했어? (필요한 것이었어?)
> necessary [네쎄써*리] 사용해서 두비에서 be 쪽으로 만들어보세요. <
→ Was it necessary?

#모두에게 말할 필요 있었어?
> tell [텔] <
→ Was it necessary to tell everyone?

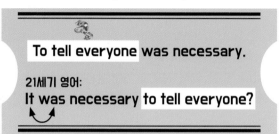

To tell everyone was necessary.

21세기 영어:

It was necessary to tell everyone?

같은 구조인 겁니다. 그럼 천천히 연습장에서 만들고 가이드와 비교해보세요.
이 구조에서는 TO 다리와 [잉] 양쪽이 다 되는 경우가 대다수입니다. 왜 그게 가능한지 생각하면서
만들어보세요.

#뭔가의 달인이 돼라!
master [마스터]

....Be a master at something!
#뭔가의 달인이 되는 것은 쉽지 않아.

....It is not easy to be a master at something.
#일찍 시작하는 것은 중요치 않아요.
early / start / important=중요한

It is not important to start early. /
To start early is not important. /
....Starting early is not important.

262

#차를 갑자기 멈추는 건 위험할 수도 있어.
suddenly [서드니]=갑자기 / stop / dangerous [데인저*러스]

It can be dangerous to stop the car suddenly. /
To stop the car suddenly can be dangerous. /
....Stopping the car suddenly can be dangerous.

#실패한다는 것은 절대 쉽지 않지.
하지만 그건 너에게 값진 가르침을 줄 수도 있어.
fail=실패하다 / never / easy / valuable[*발류블] lesson=값진 가르침

It's never easy to fail. /
To fail is never easy. / Failing is never easy.
.... But it can give you a valuable lesson.

#이 각도에서 저 얼굴을 보는 건 불가능해요.
angle [앵글]=각도 / face / impossible [임'퍼씨블]=불가능한

It's impossible to see his face from this angle. /
.... To see his face from this angle is not possible.

#쟤(여)랑 같이 일하는 건 가끔 짜증 날 때도 있어요.
annoying [어'노잉]

It can be annoying to work with her sometimes. /
To work with her can be annoying sometimes. /
Sometimes working with her can be annoying. /
.... It is annoying to work with her sometimes.

#말하는 것보다 듣는 게 더 중요해.

It's more important to listen than to talk. /
To listen is more important than to speak. /
.... Listening is more important than talking.

이번에는 좀 더 복잡한 구조로 엮어서 만들어
보죠.

#네가 잘할 수 있는 것이 무엇인지 알아라!

명령 기둥이죠?
두비는 우리말 맨 끝! 알아라! Know~
뭘 알아요? 네가 잘할 수 있는 것. 그게 뭔지
모르죠? WH 1으로 만들어서
→ what you can do well
　　　　→ Know what you can do well!

#네가 잘할 수 있는 것을 아는 것은 중요해!

'중요하다'니까 BE 기둥이죠? → It is important
아는 것은 → to know
뭘 알아요? → what you can do well
　　　　→ It is important to know what
　　　　　　you can do well.

이번 것 역시 문장을 쌓아서 가보죠.
#1. 나한테 뭐 있어. (내가 가지고 있어.)
　　　　→ I have something.
#2. 내 주머니에 뭐 있어.
메시지 전달!
　　　　→ I have something in my
　　　　　　pocket.

이번엔 끝내야 할 뭔가가 있어요.
간단해요. 메시지 전달을 해보려고 하세요.

#3. 나 끝낼 거 있어.

I have something~까지 말한 후에
'내가 끝낼 거'죠. finish를 그냥 못 붙이니 →
to finish
　　　　→ I have something to finish.
위의 말은 [잉]으로 만들 수 없겠죠?
대화 들어가볼게요.

#A: 나 너한테 뭐 할 말이 있어.

나한테 있는 거죠. I have~
extra　'뭔가 할 말'인데, 같은 방식으로 연
　　　　결할 수 있어요.
　　　　→ something to tell you
　　　　→ I have something to tell you.

#B: 어.

　　　　→ Okay.
okay는 상대 말을 접수했다고 대꾸하는 '알았
어, 어' 식입니다. 그런데 상대가 말하면서 뜸
을 들입니다.
#뭔데? 말해!
　　　　→ What is it? Tell me!

#A: 말하는 게 쉽지 않아.

　　　　→ It's not easy to say.
to say, 말하려는데 그것이 쉽지 않다는 거죠.
#말하기 쉬운 게 아니야.
뭐가 쉽지 않아요? It으로 가면 되겠죠?
　　　　→ It's not an easy thing to say.

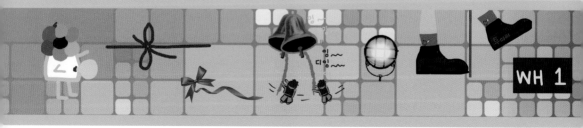

WH 1

그럼 마지막으로 정리해보죠.

#실패하는 것은 옵션이 아니다.
> fail / option <

→ To fail is not an option.

→ It's not an option to fail.

옵션은 선택권이 아니라는 거죠.

#계획을 잡는 것은 필요한 일이다!
> plan / necessary [네쎄써*리] <

→ It's necessary to plan.

#To fail to plan is to plan to fail!

영어는 틀에 맞춰 움직이기 때문에 이런 말이 가능하다고 했습니다! 번역만 하려 한다면 헷갈릴 것입니다. 두루뭉술하게 이미지로 먼저 메시지를 이해하세요.

실패하는 데 / 계획하는 데 실패하는 것은 = 계획하는 데 / 실패하려고 계획하는 것이다. 메시지 전달되었나요? 우리말로 다시! 계획하는 것에 실패하면 그것은 실패를 하려고 계획하는 것이다. 다시 말해, '계획 없이 가면 실패할 것이다'라는 거죠.

항상 같은 말을 다양하게 할 수 있다는 것을 기억하세요.

Failing to plan is planning to fail!

이 말도 되겠죠?
계획하려고 하는 데 실패하는 것은,
실패하려고 하는 것을 계획하는 것이다.
메시지가 같잖아요.

이건 '그때그때 달라요'가 아닙니다.
이 모든 기둥, Planets, 껍딱지 등은 결국 여러분이 하고 싶은 말을 전달하는 데 도움을 주는 다양한 도구입니다. 다양한 도구라는 것은 각자의 용도가 다르다는 것이죠.

보세요. 숟가락과 포크는 용도가 다릅니다.
액체를 뜰 때는 숟가락으로 사용 가능하지만 포크는 불가능! 하지만 밥 먹을 때는 둘 다 가능하죠! 그겁니다.
TO 다리와 [잉]도 서로 다른 도구로서 사용처가 똑같지는 않지만 이렇게 같이 적용될 수 있을 때가 있는 것이죠.

TO 다리와 [잉]이란 용어 역시 여러분이 각각의 용도를 최대한 쉽게 기억할 수 있게 이미지화해서 명칭을 붙인 것입니다.

코스가 진행될수록 언어에 도구가 많아지는 것 같나요? 먼저 자신에게 편하고 유용한 것을 적극적으로 활용하면 됩니다. 혹시 부족한 부분이 있다면 그 스텝만 복습해보세요. 할수록 더 탄탄해지면서 전에 안 보였던 것이 보일 겁니다.

책갈피를 항상 앞에 두고 연습할 때 보면서 골라 말하면 도움이 된답니다.
단어는 코스가 끝난 후 하면 더 쉽고 빠르게 할 수 있으니 지금은 다양한 도구를 편하게 사용할 수 있게 서로 익숙해지는 것에 먼저 집중하세요.
그럼 여기서 배운 것들을 가지고 직접 연습해보세요.

722

비교급 + 최상급

FOOD BETTER WORST

바로 만들어보세요.

#저거 쉬워 보이네!

→ That ( ) looks easy!

#(정정하면서) 아니다, 이게 더 쉬웠어.

→ Actually, this was easier.

상대방에게 권유합니다.

#이거로 해봐!

→ Try this!

다양한 것 안에서 '이것'이라고 할 때 this one이라고도 해요.

→ Try this one!

#더 쉬울 수 있어.

무슨 기둥이죠? 그럴 수 있다는 거니까 가능성 CAN 기둥.

→ It can be easier.

더~라고 비교할 때 more를 말하든지, easy [이지]처럼 짧은 단어는 more [모어]의 [어] 소리만 붙여서 easier [이지어]로 말한다고 했죠?
하지만 good과 well (스텝 04²²) 그리고 bad는 특별 취급을 해준답니다.

상황) 좋은 것이 이미 있었는데 그것보다 더 좋은 것이 생기면 특별 취급을 해주는 거죠.

#저거 좋네.

→ That is good.

아니야. 이게 더 좋아!

→ No, this is **better** [베터].

미국 발음은 t를 뭉개서 [베러]라고 합니다. 여러분이 편한 것으로 발음하세요.
better: more처럼 [어] 소리로 끝나지만 단어는 good과 큰 차이가 나죠?
워낙 다르게 변해서 기억해야 합니다.

#좋네, 오! 더 좋아!   → Good oh! Better!

#네 것이 더 좋아!   → Yours is better!

다음 것은 여러분도 알고 있어요.
좋고, 더 좋은 것도 있는데, **가장 좋은 것**이 나왔다면? 비교하는 것이니 most처럼 단어 뒤에 [스트]를 붙이면 될 텐데 무슨 단어일까요?
the best!

그래서 가장 잘 팔리는 물건을 베스트셀러, best seller라고 하는 거예요.
sell은 '팔다', 단어 꼬리에 [er]을 붙이면 seller, '파는 물건, 최고로 잘 팔리는 물건'이란 뜻이 되죠. Best seller!

#미안한데 이런 말 해서,
> → I am sorry to say this,
#내 것이 최고였었어!
> → but mine was the best!

보면 best 앞에 the 붙죠? 최고라고 하면 다양한 것들 중 으뜸이 된 거잖아요. 다들 알아보는 최고라고 해서 the를 붙여주는 겁니다.
그럼 good 했으니 이번엔 bad로 가볼까요?

상황) 아이스크림 맛을 고르는 중입니다.
#이 맛 별로였어!
> flavor [*플레이*버] / bad 우리는 '이 맛 나쁘다!'보다 '별로다'로 사용하죠. 영어는 bad로 갑니다. <
> → This flavor was bad.

#이 딸기 맛은 더 별로였어!!
bad가 나왔는데, 그것보다 더 별로였대요. 이 단어는 기억해주세요.
worse [*월스]입니다.
> → This strawberry flavor was worse.
역시 bad에서 전혀 다르게 변하죠. good과 bad만 전혀 다르게 변하니 이것만 적응하면 됩니다.

#이거 먹어봐!
"Eat this!"라고 하면 "이거 먹어!"이지만, 한 입만 먹어보라고 할 때는?
> → Try this!
#맛 좀 봐! 어떻게 말할까요?
> → Taste this!

#그게 최악이다!
최고로 나쁜 것. best처럼 [스트]로 끝나요, worse에서 worst [*월스트].
> → That is the worst!
그럼 대화에 적용해보죠.

상황) 호텔에 갔는데, 정말 별로입니다.

#이 방 진짜 안 좋네.
> → The room is bad.

#여기 와서 이것 좀 봐봐.
> → Come here and look at this.

#욕실은 더 안 좋아!
> bathroom [바*스*룸] <
> → The bathroom is worse.

#이 탕에서 난 목욕 못 해!
> tub / take a bath <

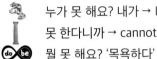 누가 못 해요? 내가 → I

못 한다니까 → cannot

뭘 못 해요? '목욕하다'

→ take a bath

extra '탕'은 영어로 tub, 큰 아이스크림 통을 ice cream tub이라고 합니다. 껍딱지 필요하죠? 뭐가 좋을까요? → in this tub

> → I cannot take a bath in this tub!

#이 탕에서 목욕 안 할 거야!
> → I will not take a bath in this tub!

#프런트에 전화해서 방 변경 해달라고 해줘!
> front desk / room change / ask <

Call the front desk and~

방 변경해달라고 하는 거죠. 물어보라는 겁니다. ask~로 하면 됩니다.

ask 말하고 껍딱지 제대로 집어넣으면 해결됩니다. 묻는데, 방 변경을 위해서 묻는 거죠.

→ for a room change

> → Call the front desk and ask
> for a room change!

쉬운 것 같은데 의외였나요? 그럼 이제 연습장에서 다양하게 만들어보세요.

#너 잘하고 있어. 다음번에 넌 더 잘할 거야.
next time

....You are doing well. You'll do better next time.

#우리가 최고였어!

.... We were the best!

#좋은 시간 보내!
time / have

.... Have a good time! / Have fun!

#저는 정말 좋은 시간을 보내고 있어요!
이것보다 더 좋을 순 없어요!
have

I am having a great time! / I am having great fun!
.... It can't be better than this!

#3시간 전에, 나는 최악의 시간을 보내고 있었어.
have

....3 hours ago, I was having the worst time.

#5시간 전에, 나는 내 인생 최악의 시간을 보내고
있었어.
life / have

5 hours ago, I was having the
.... worst time of my life.

#저 아가씨는 더 짧은 머리가 더 잘 어울리네.
Hint: She looks good. (쟤 좋아 보인다.)
short hair

....She looks better with shorter hair.

#그게 최악의 경험이었어, 최악의 기억.
난 아직도 뚜렷하게 기억이 나.
experience [익스피*리언스]=경험 / memory [메모*리]=기억 /
vivid [*비*비드]=뚜렷한 / remember=기억하다

That was the worst experience;
the worst memory.
.... I still remember it vividly.

#A: 내 것이 네 것보다 더 안 좋았어.

.... Mine was worse than yours.

#B: 내 말 믿어. 내 게 최악이었어.

....Trust me. Mine was the worst.

#넌 어떻게 쟤(남)보다 더 못할 수가 있냐?

How can you be worse than him? /
.... How can you do worse than him?

#넌 어떻게 쟤네 모두보다 못할 수가 있냐?

How can you be worse than all of them? /
.... How can you do worse than all of them?

#가장 최선의 해결책이 뭐죠?
solution [솔루션]

.... What is the best solution?

#웃음은 최고의 명약이다.
laughter [라*프터] / medicine [메디쓴]=약

.... Laughter is the best medicine.

7 23

WH 주어 어떻게 하는지 알죠?

기초부터 쌓은 후 바로 예문 들어갑니다.

#그가 여기 있었습니다.
→ He was here.

#누가 여기 있었던 거야?
He 자리에 누가 들어가는지 모르는 거죠?
→ Who was here?

#말해. 누가 여기 있었는지!
→ Tell me who was here!

#왜 말 못 해?
→ Why can't you tell me?

#여기서 누군가의 향수 냄새가 나거든.
냄새나서 묻는 거죠. 이유를 말하는 because 리본 묶어서,
→ Because I can smell someone's perfume here.

#당신의 가장 큰 실패는 무엇이었나요?
> greatest 혹은 biggest failure [*페일리어]라고 써도 됩니다. <
→ What was your greatest failure?

#A: 오늘 길고, 지치고 피곤하더라.
> long / gruelling [그*룰링] <
Today was long~ '지치고 피곤하다'는 새로운 단어로 gruelling.
매우 피곤하고 지치게 하는 과정을 gruelling 하다고 합니다.
소송, 시위, 힘든 여정처럼 지칠 때의 느낌이 이 한 단어 gruelling으로 설명 가능한 거죠.
tiring보다 더 센 겁니다.
→ Today was long and gruelling.

#B: 뭐가 길고 피곤했는데?
→ What was long and gruelling?

#A: 이혼 과정.
→ Divorce [디'*보~스] procedure [프*로'씨져].

#B: Ah, I am sorry to hear that.
'그 소식을 듣게 되어 미안하다'가 아니라, '그 소식을 듣게 되어 내 마음이 안 좋다'라는 겁니다.
우리말로는 "힘들겠네" 혹은 "고생했겠네" 등의 대꾸가 있죠?

영어는 상대의 안 좋은 뉴스를 들을 때 "I am sorry to hear that"으로 반응을 잘합니다.

WH 주어 질문 자체는 어렵지 않죠? 그럼 연습장에서 더 만들어보죠.

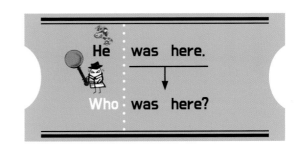

extra

#뭐가 위험했었다고?
dangerous [데인져*러스]

.... What was dangerous?

#누가 아팠었다고?
sick [씩]

.... Who was sick?

#어제 누가 늦었었어?
late [레이트]

....Who was late yesterday?

#뭐가 나이스 하지 않았는데?

.... What was not nice?

#뭐가 검은색이었다고?

.... What was black?

#누가 컴퓨터 고치고 있었는데?
fix [*픽스]

.... Who was fixing the computer?

#누가 어제 여기 없었어?

....Who wasn't here yesterday?

#누가 놀고 있었는데?
play

....Who was playing?

#누가 그녀랑 얘기하고 있었습니까?

....Who was talking with her?

#이것에서 너의 가장 큰 실수가 뭐지?
big / mistake [미'스테이크]

.... What is your biggest mistake in this?

#네 첫사랑은 누구였어?
first [*펄스트]

....Who was your first love?

WH 주어는 별것 없죠.
쉬우니 다른 문화에 관해 수다 하나 떨까요?

"영어권 유머"

상황) 매우 추운 날, 친구와 버스 정류장에서 한참 동안 우리 집으로 가는 버스를 기다리는 중입니다. 갑자기 친구가 묻습니다.
#A: 우리 여기서 버스 기다리는 거 맞지?
만들어보세요.

   → We are waiting for the bus, right?

자! 여러분이 sarcastic [쌀'카스틱] 할 수 있는 기회입니다. sarcasm [쌀'카즘]은 영어권 사람들이 잘하는 유머 중 하나입니다. 보세요. 당연히 추운 날씨에 버스 정류장에 서서 한 길을 쳐다보는 것은 버스를 기다리는 거겠죠. 뻔한 답이 있는 질문을 상대가 할 때, 영어는 비꼬아서 답변하기를 즐깁니다.

#B: 아니, 이 추운 날씨에 여기 서 있는 게 너무 좋아서.
저렇게 반대로 대꾸하면서 상대의 질문이 어리석다고 확인해주는 겁니다.
이런 것을 'sarcastic [쌀'카스틱] 하다'라고 해요. 우리말로는 '빈정대는, 비꼬는' 식으로 보이기도 합니다. 하지만 '빈정대다'는 우리말로 센 말이잖아요.
sarcastic은 농담하며 비꼬는 것으로 친한 사람들끼리 웃자고 하는 거예요. 친구가 할 때는 굳이 기분 나빠할 필요가 없답니다. 상대의 말을 되돌려주면서 농담으로 만드는 것뿐이에요.

'그래, 내 질문이 좀 뻔했다' 식입니다. 하지만 당연히 농담도 때와 장소가 있는 법.

The Black Cat

March 1896.

5 CENTS

THE SHORTSTORY PUBLISHING CO. 144 HIGH ST., BOSTON, MASS.

무시하는 발언으로 느껴질 때는
I do not appreciate your sarcasm.
이렇게 말하면 됩니다.

appreciate [어프*리씨에이트]는 '고마워하다, 반기다'라는 do 동사로 '전 당신의 sarcasm을 반기지 않습니다'라는 뜻입니다.
우리식으로 하면 '당신의 말투가 마음에 들지 않네요' 하며 정색하는 말입니다.

영어의 굉장한 양의 코미디가 이 sarcasm에서 옵니다. 그것을 알아들으면 훨씬 더 영어권의 영화나 책, 드라마가 재미있어진답니다. 그렇게 여러분에게 유머감각 하나가 더 생기는 거죠.

한국식의 유머감각. 영어식의 유머감각.
정말 다르거든요. 한국어로만 가능한 농담이 있고, 영어로만 되는 농담이 따로 있답니다.
그래서 양쪽을 알면 웃을 일이 두 번 생긴다는 거죠.

sarcastic 한 농담을 잘하는 사람에게
"저 사람은 sarcastic 해"라고 말합니다.
→ That person is sarcastic.

직접 만드는 것이 더 재미있어요. 하나만 더 보여드리고 정리할게요.
상황) 남자 친구들끼리 모여 있는데 그중 한 친구가 데이트가 있다며 물어봅니다.
A: 나 오늘 어때 보여?
→ How do I look today?
이런 질문이 들어올 때 sarcastic 할 기회가 생깁니다.

친구 옷을 진지하게 보며 확인해줍니다. 그리고 얼굴을 빤히 쳐다보며 대답합니다.
B: 관심 없어.
→ I don't care.

자꾸 접하다 보면 영어의 이런 유머를 알아가는 것도 재미있답니다. 익숙해지면 외국에서는 흥행했지만 한국에서 그렇지 못했던 영화 상당수가 이 sarcasm이 자막으로 잘 전달되지 못해서 그랬었다는 것을 알게 될 겁니다.

누가 관심 없어해?
→ Who doesn't care?
자, 항상 주위를 보면서 그날 배운 구조를 영어로 적용해 만들어보세요.

7 24

동명사

hearing & shopping

7번 기둥은 쉽죠?
그래서 이 기회에 다른 기둥도
탄탄히 하면서 영어에서 작은
것들을 계속 접하는 겁니다.
#감각. 영어로?
→ sense [센스]

사람의 기본 감각이라는 오감.
5가지 감각을 말하죠. 영어도
마찬가지예요.
five senses라고 합니다.

#먹어봐! 맛봐봐!
→ Taste this!
그럼 영어로 미각은?
the sense인데 한 번 더 들어가서
of taste [테이스트]입니다.
the sense of taste. 맛의 감각.
taste 단어도 위치에 따라 do 동사도 되고, 명
사도 되는 거죠.

만들어보세요.
#나 만지지 마!
→ Don't touch me!
피부로 만져지는 느낌. 촉감.
터치스크린[touchscreen]이라고 하죠?
촉감: 감각?
the sense인데 한 번 더 들어가서 touch,
the sense of touch.

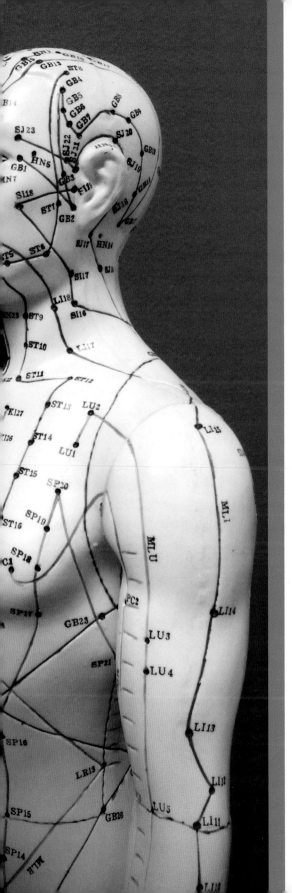

세 번째는 **후각.**
#냄새나다 영어로 뭐였죠? smell
후각은? the sense of smell

#이게 무슨 냄새야? 가스 냄새나!
→ What is this smell? I smell gas.

인간이 가장 많이 의존한다는 감각인 **시각.**
the sense of sight [싸이트].
sight는 '시력, 시야, 풍경'처럼 눈으로 볼 수 있는 것들에 다양하게 쓰입니다.
'**광경**'도 sight라고 합니다. 도시를 구경하는 2층 관광버스에 sight-seeing [사이트 씽]이라고 쓰여 있답니다.
sight(광경)를 seeing(보는 것) 하는 거예요.
see 뒤에 [잉]을 붙여 '관광'이라는 명사를 만든 거죠.
#시력검사는 영어로? → eyesight test

#A: 이거 보여?
→ Can you see this?
#B: 나 장님 아니거든.
> blind [블라인드]=장님 <
→ I am not a blind.
#A: 그럼 이 숫자 읽을 수 있어?
→ Then can you read this number?
#B: 무슨 숫자?
→ What number?
#A: 너 이거 안 보이지, 그렇지? 네가 색맹이어서 그래.
> colourblind [컬러 블라인드]=색맹 <
→ You can't see this, can you?
Because you are a colour-blind.

마지막 다섯 번째 감각! 청각.

listen은 일부러 집중해서 듣는 것이고, 귀가 작동이 되기에 '들린다'는 단어는 hear였죠.

그래서 청각은 영어로, the sense of hearing.

'듣다', hear 자체에 [잉]을 붙여서 '청력'을 hearing이라고 만든 거죠.

그래서 #보청기를 영어로는? a hearing aid라고 합니다.

aid는 '보조, 지원'이라는 단어로 청력을 보조해주는 도구인 거죠.

#너의 사장님 보청기 끼고 계셨어?

　　　→ Was your boss wearing a hearing aid?

'관광', sight-seeing이나 '보청기', hearing aid는 단순히 '보는 것', '듣는 것'을 넘어서 아예 하나의 다른 명사로 만들어졌죠? 이런 식으로 된 영어들 우리도 은근히 많이 압니다. 재미 삼아 편하게 구경해볼까요?

닭싸움, 개싸움처럼 사람 싸움으로 box 안에서 하는 게임. 뭐죠?

boxing. 권투가 boxing이죠? box 뒤에 [잉] 붙은 거죠.

'안티 에이징'은 화장품에서 자주 쓰는 말인데

anti-aging, anti는 '안티팬'이라고 말하는 그 anti.

단어 앞에 anti가 붙으면 '반대한다'는 느낌이 있어요.

aging [에이징]에서 [잉]을 빼면?

age가 되죠. 이거 배웠죠? '나이'도 되고, '나이를 먹다'도 되죠?

aging은 나이를 먹는 것 = '노화'인 거죠.

anti-aging이면 노화를 반대하는, 다시 말해 노화를 막아준다는 겁니다.

#인간은 영어로?　　→ human [휴먼]

그런데 human being이란 단어로도 쓰입니다. 차이점이 뭘까요?

영어는 분류하는 것을 좋아하죠?

human은 동물과 분류한 '인간'이고

human being은 인간으로 존재하는 것이란 느낌이 듭니다.

인생을 살고 있는 존재의 느낌인 인간인 거죠.

예문을 보세요.

#I am not an animal!
I am a human being!
I am a man!

〈디 엘리펀트 맨The Elephant man〉이라는 실화를 주제로 한 영화에 나오는 대사입니다.
다발성 신경섬유종증이라는 희귀병을 앓고 있는 남자가 서커스단에서 학대를 당하며 살아왔다고 합니다. 삶은 비극적이지만 숭고한 삶을 살려고 했던 한 사람의 이야기예요.

The Elephant Man (1980)
Directed by David Lynch

먹고 자고 싸고의 '인간'은 동물과 별 차이 없지만, human being이라고 하면 존엄성, 삶의 가치, 숭고함 등이 중요하게 여겨지는 존재인 '인간'인 거죠.
human으로 being 하는 거예요.
그래서 human being은 인간, 사람입니다.

지금까지 인간의 감각도 접해보고, do 동사에 [잉]을 붙여 다양한 명칭도 접했습니다. 이제 다시 감각을 복습하며 다음처럼 문장을 직접 만들어보세요.

예) 시각: sense of sight
#그거 되게 밝았어!
> bright [브*라이트] <

　　　→ It was very bright!

7/25

Pretty & Quite

말은 강도를 조절할 수 있어요.

비싸네요, 참 비싸네요. 몹시 비싸네요.
꽤, 매우, 대단히, 참으로 비싸네요.
이런 건 솔직히 외국어를 할 때 초반부터 알지 않아도 되는 것들입니다.
기둥 연습한다 생각하고 편하게 다음 문장을 만들어보세요.

#A: 비싸!
> → It's expensive!

#B: 얼마나 비싼데?
> → How expensive is it? 줄여서

#얼마나?
> → How expensive?

#A: 정말 비싸.
> → It's really expensive.

really expensive의 really는 '진짜인'이라는 형용사 real에 ly를 붙여 사용하는 거죠?
이런 식으로 쭉 만들어볼게요.
ly를 붙여 상태가 어떤 식인지 설명해 주는 겁니다.

'극한' → extreme [익'스트*림~]
"극도로 비싸!"
자연스러운 우리말은 "엄청나게 비싸."
→ It's extremely [익'스트*림리] expensive!
뒤에 ly만 붙인 거죠? 같은 식으로 더 만들어보죠.

'전체의, 완전' → total [토탈]
#완전 대실패, 엄청난 대재앙
> disaster [디'자~스터] <
> → total disaster

#완전 비싸!
> → It's totally expensive!

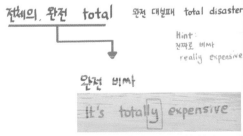

전체의, 완전 total　　완전 대박패 total disaster

Hint:
진짜로 비싸
really expensive

완전 비싸
It's totally expensive

'말도 안 되는', ridiculous [*뤼'디큘러스]
#말도 안 되게 터무니없는 아이디어
→ ridiculous idea
#말도 안 되게 비싸!
→ It's ridiculously expensive!

자, 열심히 하면서도 스스로 자책하는 분들!
저렇게 ly로 잘 붙는 단어들은 뜻만 알면
언젠가 편하게 사용할 수 있습니다.
그럼 실제 이번 스텝에서 배울 것은 바로 다음 표현!

꽤 비싼 것 같아.

꽤~ 강도는 very expensive까지는 아니고,
"꽤 비싸네요" 정도의 말인 거죠.
영어로 **pretty**라고 하면 됩니다.
'예쁜'의 pretty, 그 pretty와 똑같이 생겼지만
우리말 '(몸의)배, (먹는)배, (타는)배'와 같아요.
생김새만 같지 뜻은 전혀 달라요.

우리도 약간 말을 빼면서 할 때 있죠.
'매우 예쁘네' 느낌과 '꽤 예쁘네' 느낌. 조금 다르죠?
very와 pretty 느낌의 차이를 기억하세요.

pretty와 비슷한 단어로 quite도 쓰입니다. 하지만 우리 국어사전을 보면 '꽤'와 비슷한 말로,
곧잘, 비교적, 어지간히, 제법, 상당히, 참으로 등이 나옵니다.
한국어를 배우고 있는 외국인이 아직 말이 트이는 중인데 이런 것들까지 일일이 다 나눠 그 강도를 기
억하며 공부하면 어떻게 보이겠어요? 중요한 것부터 트이고 그런 세세한 것은 나중에 해도 됩니다.

자! 그럼 pretty만 먼저 인지한 후 천천히 비교해보죠.
#She is very rich.
대놓고 매우 부자라고 말하는 겁니다.
#She is pretty rich.
일반 수준과 비교했을 때 꽤 부자라는 느낌.

#좋네!
→ It is good. It's good.
#매우 좋네!
→ It is very good. It's very good.
#꽤 좋네.
→ It's pretty good.

강도만 기억하는 건 어렵지 않으니 연습장에서 만들어보세요.

#나 지금 꽤 바쁜데, 너 이따 다시 올 수 있어?
busy [비지] / later / back

....I'm pretty busy right now, can you come back later?

#전 보통 꽤 늦게 자요.
go to sleep / late

.... I usually go to sleep pretty late.

#A: 얼마나 자주 이 스튜디오에 오세요?
studio [스튜디오]

.... How often do you come to this studio?

#B: 음, 꽤 자주 와요.

.... Hmm, I come pretty often.

상황) 오늘 박 팀장님 발표가 있었는데, 저는 못 봤습니다.
#A: 박 팀장(남) 발표 어땠어요?
presentation [프*레젠테이션]=발표

How was his presentation? /
.... How was Park's presentation?

#B: 꽤 흥미로웠어요.
interesting [인터*레스팅]

.... It was pretty interesting.

부가의문문

영어는 상대와 나이 차이 상관없이 다 'you'로 들어간다고
했죠? 존댓말 없이 다 똑같습니다.
상황) 다른 부서의 부장님을 소개받는데 성함이 Peter Lee라고
하네요.

#만나서 반갑습니다, 부장님.
→ It's nice to meet you, Mr. Lee.

그런데 부장이 바로 Peter라고 정정합니다. 그러면 부장님을
Peter라 부르면 되는 겁니다. 나이나 직위가 있어도 이렇게
이름을 부르는 경우가 대부분이지만 상대방이 정정하지 않을
경우는 Mr. Lee라고 성으로 부르면 됩니다.

TAG Q

영어는 중요한 것부터 먼저 말하려 하기 때문에 성이 뒤로 갑니다.
'나'라는 사람의 고유 명칭은 가족의 성이 아닌 이름이잖아요.
Lincoln 대통령도 성이 Lincoln이지 이름은 Abraham [에이브라함]입니다.
다음 문장을 만들어보세요.

#아인슈타인의 이름이 뭐였어요?
> → What was Einstein's name?

#알베르트였어요.
> → It was Albert.

그럼 아인슈타인의 부모는 알베르트라고 불렀겠죠.

#JFK가 뭐죠?
> → What is JFK?

#존. F. Kennedy란 뜻이 있단다.
> 줄임말은 다른 단어가 숨겨져 있는 거죠. 이럴 때는 stand라는 do 동사를 씁니다. 서 있는 거죠 <
It stands~
다음에 JFK가 서 있는데, 뭘 말해주기 위해서죠? 껌딱지 for를 써서 for John F. Kennedy
> → It stands for John F. Kenney.

#John이 성이었나요?
> '성씨'는 surname [써네임] <
> → Was John the surname?

#아니, John은 이름이었고, 성은 Kennedy였어.
> '이름'은 first name <
> → No, John was the first name, and the surname was Kennedy.

Steve Jobs도 이름이 Steve이고 가족 성이 Jobs인 거죠? 특이한 가족 성이 많답니다.
달에 처음 착륙한 사람 누구죠? 루이 암스트롱이죠?
Armstrong, '팔이 강한'이란 뜻이 있죠.

Steve라는 이름은 흔히 보는 이름이에요. 서양은 이름은 흔하고 성이 흔하지 않는 식으로 우리와
완전히 반대입니다.
Bill Gates도 성이 Gates이고 Bill은 역시 흔한 이름이에요.
미국의 대통령 중 Bill Clinton도 있잖아요. 이름은 같지만 성은 뚜렷하게 다르죠? 다음 문장을 영
어로 바꿔보세요.

#아까 그분이 Bill Gates였죠, 그렇죠?
> '아까'는 before [비*포] <
> → That was Bill Gates before, wasn't he?

쉽게 만들 수 있었나요? 이번 스텝인 WAS 기둥의 꼬리표 질문을 설명 안 듣고 만드신 겁니다.
항상 같은 방식이잖아요! 이제 만들어볼까요?

#저기 안에 정말 더웠죠, 그렇죠?
> '정말 춥다'는 freezing, '정말 덥다'는
boiling [보일링] <
계란을 '삶다'가 boil [보일], 물이 '끓다'도
boil, 팔팔 끓고 있는 거죠.
> → It was boiling in there,
> wasn't it?

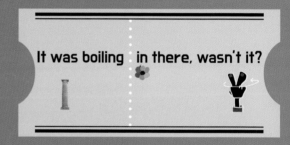

#저는 안에서 녹는 줄 알았어요.
> '녹다'는 melt [멜트] <
우리는 '녹는 줄 알았다'고 하지만 영어는 그냥 '녹는다'라고 합니다.
> → I was melting in there.

#사우나 같았죠? (그렇죠?)
> '사우나'는 sauna [쏘우나] <
> → It was like a sauna, wasn't it?

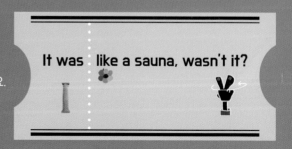

어렵지 않죠? 그럼 연습장에서 더 만들어보세요.

#연극 꽤 웃겼었지, 그렇지?
play [플레이]=연극

....The play was pretty funny, wasn't it?

#내가 맞았지, 아냐?
right [*롸이트]

....I was right, wasn't I?

#쟤(여) 나 이용하던 거 아니지? (그렇지?)
use [유즈]

....She wasn't using me, was she?

#나랑 행복했었지? (맞지?)

....You were happy with me, right?

#영화가 슬펐네, 그렇지?
movie / sad

....The movie was a sad story, wasn't it?

#A: 너 어디 있었어?

....Where were you?

#B: 나 방금 내 멘토 강의에 있었어. 환상적이었어!
just now / lecture [렉쳐]=강의 / fantastic

I was at my mentor's lecture just now.
....It was fantastic!

#A: 넌 정말 그분 존경하는구나, 그렇지?
admire [어드'마이어]=감탄할 정도로 존경하다

....You really admire him, don't you?

290

이미 아는 단어들로 어휘 좀 늘리고 마무리하죠.

잠바는 영어로 jacket [자켓]입니다. 잠바라는 단어는 jumper [점퍼]에서 온 것 같은데 jumper는 편한 두터운 윗도리로 보면 돼요.

만들어볼까요?

#네 가방 안에 그거 내 잠바였어?
> → Was that my jacket in your bag?

#그거 내 거였지, 그렇지?
> → That was mine, wasn't it?

#내 윗도리 네 로커에 있었지? (맞지?)
> locker [락커] <

lock [락]은 '잠그다', 그래서 락앤락 Lock and Lock, 밀폐용기 이름이죠?

> → My jumper was in your locker, right?

락앤락 하니까 '잠그다'란 단어가 쉬워지죠?

어휘는 책으로 공부해도 좋지만 실제 주위를 둘러보면서 '이 말 해봐야지' 하다 보면 모르는 단어가 나온다는 걸 알 거예요. 그 단어를 찾아보면서 얻는 어휘 양도 상당히 많습니다. 언제든 공부하는 시간 이외에도 배운 구조로 편하게 영어 문장을 만들려고 해보세요. 상상 이상으로 큰 도움이 될 겁니다. 아무 말 대잔치처럼 주제는 개의치 말고 문장을 만들어 말해보세요. 그럼 다음을 만들어보고 정리하죠.

#부정적이 되지 마!
> 배터리의 플러스 부분을 영어로 positive [퍼씨티*브] side, 마이너스 부분을 negative [네게티*브] side라고 합니다. <

> → Don't be negative!

#그게 마이너스 부분 맞았죠?
> side [사이드] <

> → That was the negative side, right?

#그게 긍정적인 반응이었던 거죠, 그렇죠?
> response [*리스폰스] <

> → That was the positive response, wasn't it?

27

7

Even

축하드립니다! 마지막 스텝입니다!

이번 트랙에서는 작은 것을 많이 접했습니다. 탄탄히 해야 할
것은 기둥이며 그다음 신경 쓸 것은 행성, 날치는 액세서리 같은
존재입니다.

날치는 빼도 말이 되지만 기둥은 흐트러지면 기본이 안 된 것처럼
느껴지니 다양한 자료의 영어를 접해도 항상 기둥을 탄탄히
유지하는 것 잊지 마세요! 워낙 영어가 다양해 보이기 때문에 그
안에서 흔들리지 않아야 합니다. 그럼 이번 트랙의 마지막 작은 것을
접하고 정리하죠!

영어로 만들어보세요.

#재(여)는 머리 안 감아.
→ She doesn't wash her hair.
#정말 게을러.
→ She is really lazy.
#재 진짜 (극도로~) 게을러.
> extremely [익'스트*림리] <
→ She is extremely lazy.

그럼 이 문장은 어떻게 할까요?
머리도 안 감아.
'머리도 안 감아'라고 해서
wash, 씻는 행위조차도 안 한다는 거죠. even
[이'븐]이란 단어를 강조하고 싶은 곳 앞에 스
포트라이트처럼 때려주면 해결됩니다.
→ She doesn't **even wash** her hair.

그것도 안 한다.   그런 것조차도

She doesn't even wash her hair.

간단하죠? 다음 상황을 영어로 만들어보죠.

#왜 네가 화가 나서 그래?

→ Why are you angry?

#넌 거기 없었잖아!

→ You weren't there!

#넌 거기 있지도 않았잖아!

카멜레온이랑 기둥부터 먼저 시작하세요!
You weren't~ 그러고 나서, 그곳에 있지도 않
았던 거죠. 그곳 앞에 스포트라이트 때려서
→ even there

→ You weren't even there!

다음 상황) 친구가 물어봐서 답합니다.

#저 남자애가 쟤(여) 좋아하
느냐고?

→ Does that guy like her?

이미지 그리면서 답해보세요.

#저 남자애는 쟤 몰라.

→ He doesn't know her.

이제 한 단계 더 나아가서,

#저 남자애는 쟤 알지도 못해.

know를 하지도 않는 거니 know 앞에 빛을
비춰주면 됩니다.

→ He doesn't even know her.

그럼 이번에는 WH 1으로 엮어서 가보죠.

#저 남자애는 쟤(여)가 누구
인지 알지도 못해.

Hint. 쟤(여)가 누구야? Who is she? 이러면
만들 수 있죠?

→ That guy doesn't even know who she is.
질문 아니니 다시 원래 상태로 뒤집힌 거죠.

좀 더 만들어볼게요.
이건 너무 쉽잖아! 너 이거 할 수 있겠다!

→ This is too easy! You can do this!

나도 이건 할 수 있겠다!

'나' 앞을 강조한 겁니다.

Even I can do this!

지금까지 그랬듯 어디에 스포트라이트를 비추느냐에 따라 의미가 바뀔 수 있습니다.

똑같은 말에서 even을 뒤로 빼볼게요.

I can do even this!

난 할 수 있어, 이것도!

= 난 이것도 할 수 있어!

어렵지 않죠? 법칙을 외우려 하지 말고, 큰 그림을 접한 후 나머지 못 접해본 문장들은 상식적으로 바라보려고 해보세요.

전혀 답이 안 나온다 할 때는 찾아보고요.

같은 단어가 '배, 배, 배'처럼 다른 뜻이 있을 수도 있습니다.

왜냐하면 even이 이런 날치 말고 전혀 다른 단어로도 쓰이거든요. 'We are different'처럼 'We are even',

이렇게 쓰일 때는 '우리 무승부다!'라는 뜻도 있답니다. 어떻게 알아보느냐고요?

'We are even'의 even은 액세서리가 아니잖아요. 빼면 'We are'로 말이 끝나지 않으니 그렇게 해서 아는 거죠.

하지만 이번 스텝에서 배운 날치 even은 액세서리예요.

Even we are here. "우리조차도 여기 있잖아"에서 even을 빼도 말이 전달되죠?

전혀 다른 것을 동시에 배우면 헷갈리기만 합니다. 봤을 때 헷갈리면 먼저 하나만 정확히 익히세요. 그것이 흔들리지 않을 때 그다음 것을 접하세요. 지금은 날치 even부터 탄탄히 합시다.

그럼 날치로 스포트라이트를 비추면서 연습장 들어가죠.

#재(남)는 자기 이름 못 써. 재(남)는 자기 이름을 쓰지도 못하잖아.
name / write [*라이트]

He can't write his name.
.... He can't even write his name.

#A: 네 새 직장은 어떠냐?
job

.... How is your new job?

#B: 다들 자기네 칸막이 사무실에서 일해. 심지어 CEO 도 칸막이 사무실이 있어.
cubicle [큐비클]=칸막이 사무실 / CEO

Everyone works in their cubicle.
.... Even the CEO has a cubicle.

#말하지 마. 너! 말조차도 하지 마!
speak

.... Don't speak. You! Don't even speak!

#우리 무슨 얘기 하고 있는 거야? 너 우리가 뭐에 대해 얘기하는지 알지도 못하잖아.

What are we talking about?
.... You don't even know what we are talking about.

#넌 날 알긴 알아?

.... Do you even know me?

#당신은 내가 누구인지 알기나 해?
Hint: WH 1을 사용하세요.

.... Do you even know who I am?

#A: 나 사랑에 빠졌어.

.... I'm in love.

#B: 무슨 말 하는 거야? 너 걔(여) 이름을
아는 것도 아니잖아.
talk

What are you talking about?
.... You don't even know her name!

#A: 내가 모르나? 걔 이름이 뭔데? 걔 이름 좀 나한테
말해줄 수 있어?

I don't? What is her name?
.... Can you tell me her name?

#이 질문은 너무 쉽네! 애도 이건 답할 수 있겠다!
question / child

This question is too easy!
.... Even a child can answer this!

> 수고하셨습니다. 7번 Lucky 기둥이 이것으로 끝났습니다.
> 여러분은 두비에서 be가 다양하게 변하는 모습을 보셨죠?
> BE 기둥, BE + 잉 기둥, WAS 기둥.
>
> 스텝이 계속 진행되면서 이번 WAS 기둥도 또 반복될 것입니다.
> 이제는 하나만 잘하는 것이 아닌 다양한 것을 동시에 다루는 능력도
> 함께 키워나갈 겁니다.

일상에 있을 때도 혼자서 배운 구조들을 사용해
영어로 말해보는 것에 습관을 들이세요.
혼자서 중얼중얼~ 틀려도 괜찮으니 자꾸 혀를
움직이고 말하는 것을 놓지 마세요.

시작은 누구나 하지만 정말 힘든 것은 유지하는
것이죠?

다들 한때 어린아이였지만 여기서 그다음을 어떻게
가느냐는 습관의 차이라고 아리스토텔레스가
말하더군요. 'because'에서 아리스토텔레스를 만났죠?
천천히 계속 진도를 나가면서 다양한 기둥과 더
친해지세요.

자! 다음 기둥은 8번 기둥!
드디어 9번 문에 다가가는군요! 9번 이후로 스텝은 확
줄고 대화가 늘어납니다!
말을 많이 만들 수 있게 되는 거죠.
먼저 8번을 즐겁게 들어갈게요!

해돋이와 불이 나오는 8번 기둥이 기다리고 있습니다!

지름길을 선택한 이들을 위한 아이콘 요약서

- 문법 용어를 아는 것은 중요치 않습니다. 하지만 문법의 기능을 아는 것은 중요합니다. 이것은 외국어를 20개 하는 이들이 다들 추천하는 방식입니다. 문법을 이렇게 기능적인 도구로 바라보는 순간 영어는 다른 차원으로 쉬워지고 자신의 말을 만드는 것은 퀴즈처럼 재미있어집니다.

- 아래의 아이콘들은 영어의 모든 문법 기능들을 형상화한 것들로 여러분이 영어를 배우는 데 있어서 엄청나게 쉬워질 것입니다.

영어의 모든 문법 기능을 형상화한 아이콘

 우리말은 주어가 카멜레온처럼 잘 숨지만 영어는 주어가 있어야 하는 구조. 항상 찾아내야 하는 카멜레온.

 단어든 문장이든 연결해줄 때 사용하는 연결끈.

 스텝에서 부정문, 질문 등 다양한 구조를 접하게 되는 기둥.

 여기저기 껌딱지처럼 붙으며 뜻을 분명히 하는 기능. 힘이 세지는 않아 기둥 문장에는 못 붙음.

 문장에 필요한 '동사'. 영어는 동사가 두-비. 2개로 정확히 나뉘므로 직접 골라낼 줄 알아야 함.

 위치가 정해져 있지 않고 여기저기 움직이며 말을 꾸며주는 날치 아이콘.

 중요한 것은 기둥. 그 외에는 다 엑스트라여서 뒤에 붙이기만 하면 된다는 것을 상기시켜주는 아이콘.

 날치 중 어떤 부분을 강조하고자 할 때 보이는 스포트라이트.

Map에 추가로 표기된 아이콘의 의미

 영어를 하려면 가장 기본으로 알아야 하는 스텝.

 알면 더 도움이 되는 것.

 주요 단어들인데 학생들이 헷갈려 하는 것들.

 반복이 필요한 훈련 스텝.

300

- 문법이란 문장을 만들기 위해 올바른 위치에 단어들을 배열하는 방법으로 영어는 그 방법이 심플하고 엘레강트합니다. 각각의 문법 기능을 가장 쉽게 설명하는 것이 다음 아이콘들입니다. 문법에는 끝이 없다고 생각했겠지만 기둥 이외에 문법은 총 10개밖에 없으며 이것으로 어렵고 복잡한 영어까지 다 할 수 있습니다.

- 복잡하고 끝없던 문법 용어들은 이제 다 버리세요. 여러분이 원하는 것은 영어를 하는 것이지 복잡한 한국어 문법 용법들을 알려는 것이 아니니까요.

 연결끈같이 보이지만, 쉽게 매듭이 풀려 기둥 앞에 배경처럼 갈 수 있는 리본.

 타임라인에서 한 발자국 더 앞으로 가는 TO 다리.

 리본이 풀려 기둥 문장 앞에 깔리며 배경 같은 역할을 할 때 보이는 카펫.

 열차마다 연결고리가 있고 고리끼리 서로 연결되면서 전체적으로 긴 열차가 됨을 나타내는 아이콘.

 어려운 문법처럼 보이지만, 기둥 구조를 익히고 나면 굉장히 간단해지는 기능.

 단어 뒤에 붙어 전달되는 의미를 변화시키는 ly.

 껌딱지같이 간단하게 붙이기만 하면 되지만 껌딱지와 달리 무거운 기둥 문장을 붙일 수 있는 THAT.

 기둥끼리 엮일 때 보여주는 아이콘.

 두비에 붙어 두비의 기능을 바꿔주는 [잉].

 구조를 분석하는 것보다 그냥 통째로 연습하는 것이 더 간단한 스텝.

 실제 영어 대화에서 많이 쓰이지만 국내에서 잘 안 접했던 말.

 전에 배운 Planet 스텝을 이후에 배운 새로운 기둥 등에 적용시켜 Planet을 크게 복습하는 스텝.

 기둥 이외의 큰 문법 구조. 집중해야 함.

영어공부를 재발명하는
최파비아 기둥영어 (전9권)

쉽다! 단순하다! 효과는 놀랍다!
기둥 구조로 영어를 바라보는 순간
영어가 상상 이상으로 쉬워진다.
아무리 복잡한 영어라도 19개의 기둥으로 배우면
영어를 완전정복할 수 있다.
하루에 한 스텝씩!

영어의 전 과정을 커버하는
《최파비아의 기둥영어》 전9권

+ 영어학습을 도와주는 맵과 가리개
+ paviaenglish.com - 무료 리스닝 파일과
　　　　　　 섀도잉 연습